Sandbox Regulatório

Sandbox Regulatória

Sandbox Regulatório

2023

Juliana Markendorf Noda

SANDBOX REGULATÓRIO
© Almedina, 2023
AUTOR: Juliana Markendorf Noda

DIRETOR ALMEDINA BRASIL: Rodrigo Mentz
EDITORA JURÍDICA: Manuella Santos de Castro
EDITOR DE DESENVOLVIMENTO: Aurélio Cesar Nogueira
ASSISTENTES EDITORIAIS: Larissa Nogueira e Rafael Fulanetti
ESTAGIÁRIA DE PRODUÇÃO: Laura Roberti

DIAGRAMAÇÃO: Almedina
DESIGN DE CAPA: Roberta Bassanetto

ISBN: 9786556278438
Maio, 2023

Dados Internacionais de Catalogação na Publicação (CIP)
(Câmara Brasileira do Livro, SP, Brasil)

Noda, Juliana Markendorf
Sandbox regulatório / Juliana Markendorf Noda. –
1. ed. – São Paulo : Almedina, 2023.

ISBN 978-65-5627-843-8

1. Direito econômico 2. Mercado financeiro
3. Regulação – Brasil I. Título.

23-148584 CDU-34:336.7(094)

Índices para catálogo sistemático:

1. Mercado financeiro : Regulação : Direito econômico 34:336.7(094)
Eliane de Freitas Leite – Bibliotecária – CRB 8/8415

Universidade Católica de Brasília – UCB
Reitora: Profa. Me. Adriana Pelizzari
Pró-Reitora Acadêmica: Profa. Me. Adriana Pelizzari
Pró-Reitor de Administração: Prof. Me. Weslley Rodrigues Sepúlvida
Coordenador de Internacionalização: Prof. Dr. Ir. Lucio Gomes Dantas
Coordenadora de Pesquisa e Extensão: Profa. Dra. Silvia Kéli de Barros Alcanfor
Coordenador do Programa de Pós-Graduação em Direito: Prof. Dr. Maurício Dalri Timm do Valle
Editor-Chefe do Convênio de Publicações: Prof. Dr. Maurício Dalri Timm do Valle

Este livro segue as regras do novo Acordo Ortográfico da Língua Portuguesa (1990).

Todos os direitos reservados. Nenhuma parte deste livro, protegido por copyright, pode ser reproduzida, armazenada ou transmitida de alguma forma ou por algum meio, seja eletrônico ou mecânico, inclusive fotocópia, gravação ou qualquer sistema de armazenagem de informações, sem a permissão expressa e por escrito da editora.

EDITORA: Almedina Brasil
Rua José Maria Lisboa, 860, Conj.131 e 132, Jardim Paulista | 01423-001 São Paulo | Brasil
editora@almedina.com.br
www.almedina.com.br

Aos meus pais.

"Escreva algo que valha a pena ler"

(Benjamin Franklin)

PREFÁCIO

A Intervenção do Estado no domínio econômico, e, de forma mais evidente, qual a medida ideal dessa intervenção são temas debatidos universalmente há muito tempo.

No âmbito do domínio econômico, enquadram-se a disciplina da empresa, da crise da empresa, de alguns contratos empresariais e de negócios de ordem financeira, dentre outros.

É visível algum grau de intervenção, qualquer que seja a orientação política adotada no país. Veja-se, tanto os Estados Unidos da América quanto a União Europeia têm políticas voltadas ao agronegócio com o propósito de manter a atratividade e competitividade na produção de alimentos. Já, países como a França e a Portugal, tem políticas próprias para a crise da empresa mais fortes do que outros países europeus, inclusive no que se refere a iniciativas precoces de detecção de problemas.

O que se costuma afirmar é que não existe mercado sem algum grau de intervenção, já que no mínimo existirá um sistema legal de defesa da própria concorrência, para evitar que a prevalência do poder econômico impossibilite a existência de vários *players* no mercado.

Sob outro enfoque, além da pretensão das empresas em conquistar seus mercados e manter ou ampliar seus níveis de lucratividade, há o interesse dos consumidores ou adquirentes dos produtos e serviços que são ofertados. Nesse âmbito, identifica-se a importância da garantia da qualidade e da razoabilidade dos preços. A existência de concorrência, a qual garante o exercício do poder de escolha do interessado, é essencial nesse processo.

Logo, por mais que se almeje uma dissociação entre mercado e Estado, já que as experiências mais agudas de estatização não trazem ou trouxe-

SANDBOX REGULATÓRIO

ram os melhores resultados em termos de desenvolvimento econômico e social sustentável, haverá sempre uma margem de intercambialidade.

Se a intervenção em si no domínio econômico é fonte de debates e de opções mais amplas ou estreitas, essa mesma interlocução assume características peculiares quando se trata de regulamentação no mercado financeiro.

A simples admissão de que o sistema financeiro deva existir e seja essencial à prática econômica do empresário, assim como a base para a satisfação das necessidades daquele que dele se vale para a aquisição de produtos ou serviços, já não é isenta de controvérsias.

Muitas vezes, especialmente em períodos de campanhas eleitorais, se ouve propostas de candidatos que acreditam que se deva banir os "bancos" do mercado, ou tabelar os juros dos produtos que oferecem. Consideram inaceitável que tenham resultados financeiros (lucros) altos, ou que realizem a distribuição de dividendos superatrativos aos seus sócios.

Banir bancos ou tabelar juros seriam estratégias aparentemente simples, imediatas e simpáticas, especialmente quando comparamos o ganho anual médio de um brasileiro em relação aos resultados distribuídos pelas instituições financeiras. Essa solução, assim como outras tão simplistas quanto, não costumam sobreviver a argumentos que possibilitem uma visão mais sistêmica da questão.

Sem os bancos, quem assumirá a função de financiamento? Quem será o profissional do risco que suprirá as demandas de investimento, tanto para negócios maiores como para pequenos?

Quem sabe as soluções possar ser buscadas no próprio habitat do suposto inimigo: permitir o ingresso de novos players mediante políticas simplificadoras para a entrada de novos agentes de intermediação entre os que dispõem de recursos e aqueles que deles necessitam.

Tais ações pressupõem a existência de várias bases regulamentadoras. Uma experiência recente é a do open banking e a imposição de, atendidas as exigências, as instituições financeiras darem acesso a dados para potenciais concorrentes.

Já é claro que a oferta de múltiplos modelos de instituições financeiras pode alcançar resultados surpreendentes de ampliação da base daqueles que tem acesso a uma conta bancária. Estão consolidadas no mercado, por exemplo, uma dezena de instituições que isentam seus correntistas

PREFÁCIO

de pagamento de taxas, oferecem uma aplicação imediata dos recursos depositados, com a consequente inclusão de alguma forma de remuneração destes recursos.

Somados à recente abertura das transações aos sistemas PIX, percebe-se o que de inovação está diante dos nossos olhos, ao mesmo tempo em que se cria uma expectativa sobre o que ainda está por vir.

Nenhuma dessas transformações existiria sem novos e cada vez mais novos recursos tecnológicos. É difícil imaginar onde se pode chegar no curto e médio prazo.

Há as criptomoedas, há os já antigos negócios no mercado futuro, a agilização potencial dos negócios mediante a adoção de contratos inteligentes, ensaios para substituição do que se conhece por moeda, revisão do papel dos bancos centrais e muito mais.

Não acredito que se possa evoluir na velocidade demandada pela sociedade atual sem considerar a necessidade de um agente moderador, que possa estimular e desestimular condutas, sejam elas respectivamente desejáveis ou nefastas. Uma figura de autoridade que vai produzir as regras necessárias para que se chegue aos objetivos pretendidos de acesso ao mercado e desenvolvimento social.

Porém, as dificuldades começam porque o que é inovador não vem acompanhado de um modelo do que pode dar certo ou errado, tornando o ato de regular quase um jogo de acertos e erros. E o que dá errado pode ser muito custoso.

Certamente o pensamento desenvolvido pela autora parte de tais constatações e de sua curiosidade, como pesquisadora, sobre o que se tem tentado em outros países, especialmente naqueles em que os mercados financeiros se encontram mais consolidados.

Por isso ela nos pode brindar com este livro que, dentre outros temas relevantes, se debruça sobre o *sandbox* regulatório. Por que não experimentar os modelos ou as bases da regulamentação antes de torná-los imperativos? Permitindo que seja aproveitada não apenas a expertise dos formuladores de políticas públicas, mas também as conclusões que a experiência possa trazer?

Enfim quem sabe possamos abandonar a busca por modelos de soluções antigas para novos problemas, admitindo-se que problemas novos sirvam de ponto de partida para a implementação de soluções também inovadoras.

Parabéns à autora e aos seus leitores pela escolha dos temas.

MARCIA CARLA PEREIRA RIBEIRO
Professora Titular de Direito Empresarial da Universidade Federal do Paraná
e da Pontifícia Universidade Católica do Paraná

SUMÁRIO

1. INTRODUÇÃO 15

2. REGULAÇÃO DO MERCADO FINANCEIRO E O ECOSSISTEMA DIGITAL 19
2.1. Os momentos regulatórios do mercado financeiro 21
2.2. As teorias e os desafios regulatórios do mercado financeiro 37

3. A COMPLEXIDADE REGULATÓRIA DA INOVAÇÃO NO MERCADO
   FINANCEIRO E SEUS ELEMENTOS 49
3.1. O problema da complexidade do mercado financeiro 49
3.2. Os elementos que devem ser considerados na regulação do mercado
     financeiro 52
3.3. A teoria da inovação financeira e a regulação 59
3.4. Modelos regulatórios internacionais do mercado financeiro 64

4. A ANÁLISE ECONÔMICA DO DIREITO NA COMPREENSÃO
   DOS ASPECTOS REGULATÓRIOS E SEUS EFEITOS 81
4.1. Desenvolvimento da Análise Econômica do Direito 81
4.2. A adoção da abordagem da Nova Economia Institucional 96
4.3. Ponderações regulatórias sob a ótica da Análise Econômica do Direito ... 104

5. A MUDANÇA INSTITUCIONAL 111
5.1. A perspectiva do Direito 111
5.2. A perspectiva da Economia 115
   5.2.1. Vertentes da Economia Institucional 115
   5.2.2. Entre equilíbrio e mudança: eficiência adaptativa 118
5.3. Entre fontes e resistência: a mudança institucional 121

SANDBOX REGULATÓRIO

6. O SANDBOX REGULATÓRIO 129

6.1. A escolha regulatória: flexibilidade e experimentalismo 130

6.2. Natureza jurídica 131

6.3. Conceito e características da ferramenta e do sistema 133

6.4. Experiência internacional 136

6.5. Experiência brasileira 140

CONCLUSÕES 151

REFERÊNCIAS 157

1.
INTRODUÇÃO

O ecossistema digital traz novas tecnologias que desafiam o Direito constantemente. Como não é possível atuar de forma preventiva, antecipando riscos e efeitos, é preciso utilizar as normas já existentes e, quando necessário, impor novos limites regulatórios, acompanhando as transformações sociais.

No que diz respeito ao mercado financeiro, seu desenvolvimento e eficiência precisam de estímulo por meio de uma regulação adequada, que compreenda a dinâmica do mercado e da inovação. Para tanto, é fundamental a análise da racionalidade dos agentes econômicos envolvidos, de modo a compreender o processo de tomada de decisão e suas respectivas influências – que envolvem a racionalidade limitada, a assimetria informacional e o comportamento oportunista. Nesse cenário, compete aos reguladores a mitigação das falhas de mercado, para que possa ser viabilizado seu melhor funcionamento, o que justifica a intervenção estudada e adequada, visto que os agentes regulatórios também estão submetidos aos mesmos riscos dos agentes econômicos.

Considerando que as instituições jurídicas não são dotadas necessariamente da capacidade de produzir bons resultados econômicos, deve-se analisar quais regras jurídicas ou estratégias regulatórias podem ser implementadas para promover o desenvolvimento do sistema. O processo de formulação de uma regulação eficiente voltada ao mercado financeiro é complexo. Não há um modelo generalista ou estático que possa ser aplicado a todos os casos do mercado financeiro, e sua construção depende das suas características que envolvem seus sistemas de valores, suas condições e consequentes particularidades e as suas estruturas vigentes – considerado o processo de evolução – em um determinado contexto e em um determinado momento, o que evidencia a necessidade de atualização e adaptação contínuas.

No mercado financeiro, o conjunto de instituições e instrumentos utilizados pelos agentes econômicos nem sempre estão adequados às inovações, motivo pelo qual vem sendo implementado no Brasil o Sandbox Regulatório. Este é o problema de pesquisa em torno do qual foi estruturado o trabalho da forma a seguir descrito.

No primeiro capítulo são apresentados os momentos regulatórios do mercado financeiro, seu desenvolvimento até o momento presente e as necessidades exigidas por cada contexto, bem como as teorias regulatórias e os principais desafios atuais para entender a fundamentação da intervenção estatal.

No segundo capítulo o objetivo foi expor a complexidade regulatória do mercado financeiro, analisadas as variáveis dos custos de informação e da racionalidade limitada que podem levar aos riscos oportunistas, para compreender que a eficiência regulatória se pauta em quatro pontos: tecnologia conectiva, distorção informacional, fragmentação regulatória e reflexividade. Em seguida, tratou-se dos modelos internacionais para compreender os formatos de controle regulatórios e, posteriormente, fazer o comparativo com o caso brasileiro.

No terceiro capítulo, a teoria da Nova Economia Institucional é analisada conforme os estudos desenvolvidos por Ronald Coase, Oliver Williamson e Douglass North. O conceito de individualismo metodológico e racionalismo são pormenorizados para compreender de que forma afetam a conduta dos agentes econômicos na regulação do mercado financeiro, visto que o Direito representa ou promove um comportamento a partir do conjunto das regras que prevê e de acordo com o ambiente em que se aplica.

Nesse capítulo, demonstrou-se que Coase parte da análise da atividade econômica, seus potenciais danos e respectivas responsabilizações, sob o pressuposto da eficiência e da implicação do Direito no caminho da eficiência, ou seja, da adequação das instituições jurídicas e, consequentemente, dos arranjos sociais. Ainda, permite, por meio da teoria dos custos de transação e das externalidades, auxiliar na compreensão da tomada de decisão, complementado por Williamson e seus atributos aplicáveis às transações, a incerteza, a frequência dos negócios entre os agentes e a especificidade dos ativos tangíveis e intangíveis.

No quarto capítulo, para fundamentar o estudo regulatório sobre o Sandbox junto às teorias de Coase e Williamson, o livro apresentou a denominada mudança institucional, que passa pela eficiência adaptativa. Para tanto, North foi preponderante, por identificar as instituições como regras de comportamento que influenciam comportamentos e interferem no desempenho econômico, ao mesmo tempo em que são impactadas pela cognição humana, todos fatores que devem ser considerados nas diretrizes das políticas de desenvolvimento; ponto fundamental para a compreensão dos mercados eficientes – que são criados em um mundo no qual a competição é forte o suficiente e o feedback de informações eficiente.

Isto pois, ao autorizar o funcionamento dos negócios de empresas inovadoras acompanhado do monitoramento dos riscos do mercado, como uma reinvenção da função regulatória, o Sandbox Regulatório se apresenta como uma opção na busca pelo desenvolvimento econômico. Complementado por Basu, referência importante no trabalho em razão de sua crítica a assunção da racionalidade e pela demonstração das implicações políticas e sociais da legislação, bem como da ênfase à necessidade de internacionalização.

No quinto capítulo, por fim, é examinada a necessária atualização da regulação do mercado financeiro brasileiro, o que se promove mediante a implementação do Sandbox Regulatório. Apresenta-se seu conceito, características, natureza jurídica, bem como as experiências internacionais e a regulação já existente no Brasil.

Para o desenvolvimento da pesquisa foi adotado o método hipotético-dedutivo a partir do levantamento bibliográfico, bem como análise e interpretação da regulação pertinente ao tema, para se chegar às conclusões apresentadas.

2.
REGULAÇÃO DO MERCADO FINANCEIRO
E O ECOSSISTEMA DIGITAL

É preciso ponderar que os fatores de produção são transformados por meio dos ciclos de desenvolvimento capitalista, conforme Joseph Schumpeter[1], promovendo a destruição das velhas formas de produção e proporcionando o desenvolvimento econômico e social, movimento saudável do mercado.

Nesse contexto, a ação regulatória deveria promover a maximização de objetivos sociais, sem deixar de evidenciar a obsolescência do sistema no qual a atividade econômica está inserida, com especial atenção aos riscos de, por meio da ação regulatória, promoverem-se barreiras à concorrência e alguma forma de estímulo à ineficiência.

O controle sobre os indivíduos e a iniciativa privada num ambiente em que o mercado funciona de forma adequada sob as premissas da intervenção mínima, tende a apressar um quadro que pode conduzir à piora na qualidade do serviço ou bem, associado à elevação dos custos e, como norma geral, dos preços praticados.

Por outro lado, o termo regulação não precisa estar necessariamente associado à ação dos poderes públicos, muito embora a intervenção estatal costuma ser associada mais facilmente à confiabilidade, uma forma de chancela governamental, pautada na busca pelo bem-estar social, especialmente pela perspectiva de adoção de preços adequados e produção satisfatória.

---

[1] SCHUMPETER, Joseph A. **Captalism, socialism and democracy**. New York & London: Taylor & Francis eLibrary, 2003. p. 83.

Entretanto, a ação interventiva estatal pode gerar consequências indesejáveis, muitas das quais se almejava justamente evitar, como má qualidade, ineficácia, barreiras à concorrência, tributos abusivos, dentre outras. Considera-se que:

> Na marcha das leis e das instituições – sempre sujeita a curvas e retrocessos e a longos episódios de genuína insensatez –, há uma quantidade enorme de incoerência e experimentação, assim como sinais evidentes do fortuito, da presença de personalidades incomuns, e erros e hesitações próprios de autoridades confusas[2].

Em aditamento aos fatores destacados nesse capítulo, o princípio da subsidiariedade da intervenção do Estado na atividade econômica[3] pode ser invocado em relação à regulação do mercado, quando existentes as condições para que os ajustes ocorram por meio dos próprios mecanismos de mercado.

O Direito encontra seus fundamentos desafiados na medida em que os "avassaladores avanços da tecnologia, da tecnociência, da inteligência artificial, dos sistemas de robótica e da informática avançada colocam uma importante questão"[4] no que diz respeito ao impacto das novas tecnologias e do ecossistema digital.

Considerando que não há como atuar de forma preventiva, já que os riscos e impactos são de difícil antecipação, qualquer tentativa de antecipação dos seus potenciais efeitos gera duas tendências contraditórias: "de um lado, o processo perverso de prosseguir de modo ilimitado, acaba implodindo o próprio Direito através da 'loucura' do direito subjetivo"[5], enquanto de outro lado, "para continuar existindo, o Direito precisa afir-

---

[2] FRANCO, Gustavo H. B. **A moeda e a lei**: uma história monetária brasileira. 1. Ed. Rio de Janeiro: Zahar, 2017. p. 17.

[3] MARQUES NETO, Floriano de Azevedo. Limites à abrangência e à intensidade da regulação estatal. **Revista de Direito Público da Economia** – RDPE, Belo Horizonte, ano 1, n. 1, p. 69 e ss., jan./mar. 2003.

[4] BITTAR, **Introdução ao estudo do direito**: humanismo, democracia e justiça, 2018, p. 117.

[5] SANTOS. **Politizar as novas tecnologias**: o impacto sociotécnico da informação digital e genética, 2. ed., 2011, p. 244-245.

mar a sua razão de ser, a sua normatividade, e estancar essa 'loucura', traçando limites para o mercado e para a atividade tecnocientífica"[6].

Assim, para que sejam superados os desafios que possam surgir perante o direito em decorrência das mudanças tecnológicas, devem ser utilizadas as normas já dispostas, se suficientes, e, quando necessário, aplicar-se limites regulatórios, como decorrência das correspectivas transformações sociais. Caso as normas não sejam suficientes, deve-se pensar, primeiramente, na necessidade de regular e, caso constatada a sua importância, elaborar regulação adequada.

2.1. Os momentos regulatórios do mercado financeiro

Os primeiros movimentos de regulação financeira adotados no Brasil ocorreram no início do século XIX, pois "é apenas quando da vinda da família real portuguesa para o Brasil que se inicia o desenvolvimento das estruturas financeiras locais"[7]. Assim, em 1808 houve a criação da primeira seguradora[8] e do primeiro Banco do Brasil[9], o que acarretou, até o advento da Proclamação da República, a criação de outras instituições, "surgindo o primeiro arcabouço legal para as atividades bancárias, o código comercial de 1850, que dedicava dois artigos a matéria"[10].

Por meio da Lei nº 556 de 25 de junho de 1850, o Código Comercial Brasileiro, baseado nos códigos comerciais francês e português, trouxe ao ordenamento jurídico a legislação mercantil própria, que regulamentava a profissão de banqueiro (art. 119) e as operações bancárias (art. 120), os contratos e as obrigações mercantis, como a hipoteca e o penhor mercantil (arts. 121 e seguintes), a organização das companhias das sociedades anônimas (arts. 295 e seguintes) e as sociedades comerciais (arts.

---

[6] SANTOS. **Politizar as novas tecnologias**: o impacto sociotécnico da informação digital e genética, 2. ed., 2011, p. 244-245.

[7] YAZBEK, O. **Regulação do Mercado Financeiro e de Capitais**. Rio de Janeiro: Elsevier, 2007. p. 255.

[8] Informação disponível em <http://www.susep.gov.br/menu/a-susep/historia-do--seguro> Acesso em 08 de junho de 2021.

[9] Informação disponível em <https://www.bb.com.br/pbb/pagina-inicial/sobre-nos/nossa-historia> Acesso em 08 de junho de 2021.

[10] YAZBEK, O. **Regulação do Mercado Financeiro e de Capitais**. Rio de Janeiro: Elsevier, 2007. p. 256.

SANDBOX REGULATÓRIO

300 e seguintes). Os dispositivos foram instituídos na medida em que a demanda crescia, especialmente dos bancos, devido à atividade comercial, que carecia de definição sobre os termos de comércio, obrigações e prerrogativas para os agentes financeiros.

Estava sendo instituído, portanto, o primeiro momento regulatório do mercado financeiro brasileiro, simples e amplo, exatamente conforme o grau de desenvolvimento do mercado financeiro no período. Esse controle brando ocasionou problemas em virtude da intensa emissão de títulos utilizados para pagamentos, o que desembocou na Lei dos Entraves e, consequentemente, gerou a primeira crise bancária do País, com a quebra da casa bancária Antônio José Alves Souto & Cia em 1864[11].

A redução da liquidez da economia, decorrência da ausência de legislação adequada, gerou a escassez da moeda e uma das maiores crises inflacionárias da história, o que levou à adoção de medidas legais de incentivo do mercado financeiro. Esse período ficou popularmente conhecido como encilhamento[12], o qual gerou um surto de formação de novas empresas, seguido de um surto de falências, declínio e aumento dos preços das ações – e, consequentemente declínio e aumento no volume de transações na Bolsa de Valores do Rio de Janeiro[13], como decorrência das iniciativas de caráter especulativo.

Após o período de instabilidades associadas às respostas governamentais restritivas e ao controle da emissão de títulos, adveio um segundo período, dessa vez marcado por problemas com a oferta de crédito, ocasionados pela adoção de políticas monetárias internacionais restritivas, logo após a Primeira Guerra Mundial.

A recessão mundial de 1920 gerou repercussões sobre a condução da política econômica, por seu impacto desestabilizador sobre a taxa de câmbio e o equilíbrio do setor cafeeiro.

---

[11] YAZBEK, O. **Regulação do Mercado Financeiro e de Capitais.** Rio de Janeiro: Elsevier, 2007. p. 256.

[12] Período em que "a facilidade de se obter fundos do governo isento de juros induziu a formação de diversos bancos novos, enquanto os já existentes buscavam aumentar seu capital para terem acesso a maiores quantias de dinheiro público" (SCHULZ, John. 1996. **A crise financeira da abolição:** 1875-1901. São Paulo: Edusp/Instituto Fernand Braudel)

[13] GOLDSMITH, R.W. **Brasil 1850 – 1984:** Desenvolvimento Financeiro sob um Século de Inflação. São Paulo: Harbra, 1986. p. 106.

A preocupação imediata do governo brasileiro foi "tentar minimizar a velocidade e a magnitude da desvalorização cambial"[14], conduzindo à criação da Carteira de Redesconto do Banco do Brasil[15], a Inspetoria Geral dos Bancos[16] e a Câmara de Compensação do Rio de Janeiro, e, posteriormente, em São Paulo. Esse período entre as grandes guerras favoreceu, em tese, o desenvolvimento das instituições financeiras e o crescimento econômico do País – em virtude da estrutura de produção, já que o Brasil pôde colocar seus produtos no mercado, devido à baixa concorrência estrangeira, facilitado pelo baixo protecionismo da indústria, tornando-se exportador de bens de consumo, sobretudo têxteis e alimentícios[17].

Para Gustavo Franco:

A crise de 1929 representava um mergulho no desconhecido, nada havendo a estranhar que a resposta brasileira às novas circunstâncias tenha sido marcada pelo improviso e por ressalvas quanto à provisoriedade das soluções. Surpreendente, no entanto, seria observar, anos adiante, que as providências tomadas em 1933, no calor da crise, mostravam uma coerência espantosamente duradoura e sólida. Três decretos-lei assinados em 1933 pelo presidente Getúlio Vargas e pelo seu ministro da Fazenda, Oswaldo Aranha, compuseram um poderoso conjunto, um novo ordenamento para a moeda nacional que, com modificações ou em novas versões, continua em pleno vigor[18].

Refere-se ao Decreto-Lei nº 23.501/1933, que introduziu a moeda fiduciária no Brasil, ao Decreto-Lei nº 23.258/1933, que fixou o conceito de operação de câmbio ilegítima, entendida como aquela que não tran-

---

[14] FRITSCH, Winston. Apogeu e Crise na Primeira República: 1900-1930. In: ABREU, Marcelo de Paiva (org.) **A Ordem do Progresso**: cem anos de política econômica republicana 1889-1989 Atlas, 2015. P. 46.

[15] Que definiu a figura do emprestador automático e, com isso, promoveu determinada estabilidade do sistema bancário.

[16] Que buscou fiscalizar as atividades dos bancos e, consequentemente, das condutas.

[17] LOPES, J.C.; ROSSETTI, J.P. **Economia Monetária**. 7. ed. São Paulo: Atlas, 1998. p. 423.

[18] FRANCO, Gustavo H. B. **A moeda e a lei**: uma história monetária brasileira. 1. Ed. Rio de Janeiro: Zahar, 2017. p. 27.

sitava em estabelecimento autorizado, e, ao Decreto-Lei nº 22.626/1933, que estabeleceu a Lei da Usura e proibia a cobrança de juros maiores que o dobro da taxa legal. Dispositivos entrelaçados que ampliaram o poder do Estado, pois "criavam uma espécie de reserva de mercado para o papel-moeda nacional, ao descaracterizar a moeda estrangeira como moeda e regular estritamente seu porte e comercialização"[19].

Com a Segunda Guerra Mundial, adveio o que pode ser chamado de terceiro momento regulatório, caracterizado por suas instituições[20].

Nesse sentido, o Decreto Lei nº 7.293/1945 criou a Superintendência da Moeda e do Crédito que, conforme o seu art. 1º, estava diretamente subordinada ao Ministro da Fazenda, com o objetivo imediato de exercer o controle do mercado monetário e preparar a organização do Banco Central[21] por meio de funções distribuídas entre o Tesouro Nacional e o Banco do Brasil.

A Superintendência era o órgão normativo responsável pelo controle e fiscalização, enquanto o Banco do Brasil continuava a comandar as funções executivas[22]. Essa criação promoveu a consolidação e a expansão da intermediação financeira, favorecendo "o desenvolvimento espontâneo de companhias de crédito, financiamento e investimento, para captação e aplicação de recursos em prazos compatíveis com a crescente demanda

---

[19] FRANCO, Gustavo H. B. **A moeda e a lei**: uma história monetária brasileira. 1. Ed. Rio de Janeiro: Zahar, 2017. p. 50.

[20] Foram as sucessivas crises de balanço de pagamentos no contexto pós-guerra, que ofereceram espaço para um modelo de desenvolvimento industrial com maior participação estatal, "tendo como principais características a adoção de controles cambiais e de importações e a criação de um aparato regulatório em diversas áreas do domínio econômico" (VIANNA, S.B.; VILLELA, A. O Pós- Guerra (1945 – 1955). In: GIAMBIAGI, F.; VILLELA, A. (org) et al. **Economia Brasileira Contemporânea** (1945 – 2004). Rio de Janeiro: Elseveir, 2005. p. 21.)

[21] BRASIL. **Decreto-Lei nº 7.293 de 2 de fevereiro de 1945**. Disponível em <http://www.planalto.gov.br/ccivil_03/decreto-lei/1937-1946/del7293.htm> Acesso em 01 de junho de 2021.

[22] Essa distribuição gerou problemas de ordem prática, já que "a própria Superintendência teve dificuldades em impor certa disciplina às operações bancárias e maiores penalidades às instituições faltosas, pois não estava inserida nessa prática" (LOPES, J.C.; ROSSETTI, J.P. **Economia Monetária**. 7. ed. São Paulo: Atlas, 1998. p. 431)

de crédito a médio e longo prazo"[23], de modo que determinadas organizações e atividades foram fomentadas pelo Governo para suprir demandas sociais de desigualdades econômicas, por meio sobretudo do fomento destinado aos setores de infraestrutura[24].

A acentuação da opção interventiva deu início, por sua vez, a um novo estágio regulatório, em decorrência da reforma estrutural no Sistema Financeiro Nacional. Em meados da década de 1960 a estrutura financeira brasileiro constituía-se basicamente de "bancos comerciais privados e financeiras que atuavam na provisão de capital de giro para as empresas, caixas econômicas federais e estaduais, atuando no crédito imobiliário; e bancos públicos que atuavam na intermediação a prazos mais longos"[25].

Nesse período, o impasse versava sobre a forma precisa de formatação do banco central, "se um limitador dos excessos monetários do Estado ou, ao contrário, um promotor e provedor dos mesmos, diretamente ou através de bancos públicos de fomento, em nome do desenvolvimento"[26].

Assim, "o período de 1964 a 1967 caracterizou-se como uma fase de ajuste conjuntural e estrutural da economia, visando ao enfrentamento do processo inflacionário, do desequilíbrio externo e do quadro de estagnação econômica do início do período"[27]. Podem ser destacadas em termo de legislação do período: (i) a Lei nº 4.380/1964 que criou o Banco Nacional de Habitação e institucionalizou o Sistema Financeiro da Habitação; (ii) a Lei nº 4.595/1964 na criação do Banco Central do Brasil e do Conselho Monetário Nacional; e, (iii) a Lei nº 4.728/1965 na disciplina do mercado de capitais.

---

[23] LOPES, J.C.; ROSSETTI, J.P. **Economia Monetária**. 7. ed. São Paulo: Atlas, 1998. p. 426.

[24] Dentre estas, por exemplo, o Banco de Crédito da Amazônia, o Banco do Nordeste do Brasil, o Banco Regional de Desenvolvimento do Extremo Sul e o Banco Nacional de Desenvolvimento Econômico.

[25] HERMANN, J. Auge e Declínio do Modelo de Crescimento com Endividamento: O II PND e a Crise da Dívida Externa (1974 – 1984). In: GIAMBIAGI, F.; VILLELA, A. (org) et al. **Economia Brasileira Contemporânea** (1945 – 2004). Rio de Janeiro: Elseveir, 2005. p. 75.

[26] FRANCO, Gustavo H. B. **A moeda e a lei**: uma história monetária brasileira. 1. Ed. Rio de Janeiro: Zahar, 2017, p. 26.

[27] HERMANN, J. Auge e Declínio do Modelo de Crescimento com Endividamento: O II PND e a Crise da Dívida Externa (1974 – 1984). In: GIAMBIAGI, F.; VILLELA, A. (org) et al. **Economia Brasileira Contemporânea** (1945 – 2004). Rio de Janeiro: Elseveir, 2005. p. 70.

SANDBOX REGULATÓRIO

Merece destaque o conteúdo da segunda lei que definiu a atuação das mencionadas instituições, propiciando, em tese, um ambiente de independência da política monetária[28], no qual o Conselho Monetário Nacional assumiu o controle normativo e o Banco Central do Brasil assumiu o controle executório e fiscalizatório[29].

Já a Lei nº 4.728/1965 definiu as regras aplicadas à atuação dos agentes financeiros a partir de uma "especialização/segmentação do mercado, existindo instituições especializadas que atenderiam a segmentos específicos do mercado de crédito"[30].

É nesse quarto momento, portanto, que se defendeu uma estrutura regulatória na qual:

> (...) o sistema financeiro brasileiro passou a contar com maior e mais diversificado número de intermediários financeiros não bancários, com áreas específicas de atuação. Ao mesmo tempo, foi significativamente ampliada a pauta de ativos financeiros, abrindo-se um novo leque de opções para aplicação de poupanças e criando-se condições mais efetivas para a criação do processo de intermediação[31].

Por outro lado, o sistema que começou a ser desenhado a partir de 1967, e que desabrochou nos anos a seguir, pode ser comparado ao de 1933, pois "não apenas não tinha freios e vértebras", como dependia unicamente de um comando central e "contava com os poderes de um

---

[28] GREMAUD, A.P.; TONETO JUNIOR, R.; VASCONCELLOS, M.A.S. **Economia Brasileira Contemporânea**. 4. ed. São Paulo: Atlas, 2002. p. 394.

[29] Gustavo Franco defende que, a instituição foi criada "num figurino relativamente ortodoxo que, no entanto, duraria pouco, pois a primeira mudança de governo, coincidindo com uma guinada autoritária radical, a partir do governo de Arthur da Costa e Silva, viria modificar substancialmente o funcionamento das novas autoridades monetárias. A partir daí a organização institucional da moeda passava a servir ao objetivo máximo de empreender uma mobilização forçada de recursos para o desenvolvimento numa escala inédita" (FRANCO, Gustavo H. B. **A moeda e a lei**: uma história monetária brasileira. 1. Ed. Rio de Janeiro: Zahar, 2017. p. 27).

[30] GREMAUD, A.P.; TONETO JUNIOR, R.; VASCONCELLOS, M.A.S. **Economia Brasileira Contemporânea**. 4. ed. São Paulo: Atlas, 2002. p. 395.

[31] LOPES, J.C.; ROSSETTI, J.P. **Economia Monetária**. 7. ed. São Paulo: Atlas, 1998. p. 432.

banco emissor subordinado e dedicado a viabilizar as ambições de investimento do regime"[32]. Os poderes reguladores do Conselho Monetário Nacional e do Banco Central do Brasil eram voltados à multiplicação dos "mecanismos de apropriação e de direcionamento de recursos dos bancos privados"[33].

Dos anos 1968 até 1973, observou-se um período de crescimento do Produto Interno Bruto[34], que teve queda a partir de 1974 em virtude da inflação ocasionada principalmente pela crise do petróleo[35] de 1982. A queda demonstrava um sinal "de que o modelo de inserção externa estava esgotado, conclusão ignorada pelas autoridades, sendo certo que esse não era um aspecto da política econômica dos militares que merecesse maiores reparos de seus críticos"[36]. Com a inflação próxima de 220% ao ano e com um imenso desafio de reconfigurar as instituições monetárias para o funcionamento da normalidade democrática[37], os problemas surgiram.

---

[32] FRANCO, Gustavo H. B. **A moeda e a lei**: uma história monetária brasileira. 1. Ed. Rio de Janeiro: Zahar, 2017. p. 59.

[33] FRANCO, Gustavo H. B. **A moeda e a lei**: uma história monetária brasileira. 1. Ed. Rio de Janeiro: Zahar, 2017. p. 59.

[34] HERMANN, J. Auge e Declínio do Modelo de Crescimento com Endividamento: O II PND e a Crise da Dívida Externa (1974 – 1984). In: GIAMBIAGI, F.; VILLELA, A. (org) et al. **Economia Brasileira Contemporânea** (1945 – 2004). Rio de Janeiro: Elseveir, 2005. p. 82.

[35] Isto pois, no início da década de 1970, os principais países produtores do Oriente Médio, como Arábia Saudita, Irã, Iraque e Kuwait começam a regular as exportações do óleo às nações consumidoras e, em 1973, por motivos políticos, houve o choque da matéria-prima, momento no qual "o petróleo árabe vira arma contra o mundo ocidental, principalmente os Estados Unidos e países europeus que declararam apoio a Israel na Guerra do Yom Kippur (Dia do Perdão) contra Egito e Síria", o que leva o embargo das vendas para os EUA e para a Europa, de modo que "a produção sofre firme redução em tempos de alta demanda, forçando o preço do barril a subir cerca de 400% em três meses, de US$ 2,90, em outubro de 1973, para US$ 11,65, em janeiro do ano seguinte". Nesse momento, "o governo norte-americano lança mão de controle sobre a oferta da gasolina vendida no país. Cenas de motoristas em longas filas ilustram dramaticamente a extensão do problema" (Informação disponível em < https://www.ipea.gov.br/desafios/index.php?option=com_con tent&view=article&id=2321:catid=28&Itemid=23> Acesso em 09 de junho de 2020.)

[36] FRANCO, Gustavo H. B. **A moeda e a lei**: uma história monetária brasileira. 1. Ed. Rio de Janeiro: Zahar, 2017. p. 27.

[37] FRANCO, Gustavo H. B. **A moeda e a lei**: uma história monetária brasileira. 1. Ed. Rio de Janeiro: Zahar, 2017. p. 27.

SANDBOX REGULATÓRIO

Considera-se aqui o marco característico do quinto momento regulatório, já que os efeitos econômicos recaíram sobre as instituições financeiras, o que as fragilizou e abriu brecha para o Governo entender que deveria sujeitá-las à intervenção ou à liquidação extrajudicial, nos termos definidos pela Lei nº 6.024/1974. No mesmo ano, foi editado o Decreto-Lei nº 1.342/1974 que determinava a destinação da receita líquida do imposto sobre operações financeiras à formação de reservas monetárias, as quais poderiam ser administradas pelo Banco Central para "assegurar a normalidade dos mercados financeiro e de capitais ou resguardar os legítimos interesses de depositantes, investidores e demais credores, acionistas e sócios minoritários"[38].

Esse período de marcada intervenção contou, ainda, com a Lei nº 6.385/1976 que criou a Comissão de Valores Mobiliários para regular especificamente o mercado de valores mobiliários, e a Lei nº 6.404/1976, que trouxe a nova legislação acionária, substituindo a Lei nº 4.728/1965, compreendida como obsoleta. Ainda, em 1979 houve a criação do Sistema Especial de Liquidação e Custódia, com o objetivo de organizar a troca física de papéis da dívida e viabilizar alternativas às liquidações financeiras, ou seja, direcionar a economia.

Como sexto momento, tem-se os anos entre 1980 e 1990[39], contexto com forte influência internacional na regulação nacional, junto à situação inflacionária caótica:

> O sentimento de negação da hiperinflação e suas consequências não teve expressão mais contundente que a sucessão de planos heterodoxos iniciados

---

[38] ANDREZO, A.F.; LIMA, I.S. **Mercado Financeiro**: Aspectos Históricos e Conceituais. São Paulo: Pioneira, 2002. p. 101.

[39] Período inserido num cenário de crise da dívida externa caracterizado pelo , completo rompimento do fluxo de recursos voluntários alocados nos países em desenvolvimento, o que desequilibrou as contas públicas e gerou desemprego. Consequentemente, a recessão e a inflação protagonizaram as preocupações governamentais justificadores de diversos planos econômicos que visavam a produzir quedas abruptas da inflação, intercalados por períodos de controles ortodoxos. Entre os planos destacam-se: Cruzado (1986), Bresser (1987), Verão (1989), Collor I (1990) e Collor II (1991) (GREMAUD, A.P.; TONETO JUNIOR, R.; VASCONCELLOS, M.A.S. **Economia Brasileira Contemporânea**. 4. ed. São Paulo: Atlas, 2002. p. 427).

com o Cruzado, em 1986. Foram cinco tentativas em sequência, todas com congelamentos de preço. Nos 62 meses entre março de 1986 e maio de 1991, em aproximadamente 21 meses, ou cerca de um terço do período, os preços estiveram sujeitos a congelamentos[40].

A inflação brasileira do período, medida pelo Índice de Preços ao Consumidor Amplo, "foi de 220% anuais, em março de 1985, para 82,4% ao mês, atingidos em março de 1990, equivalentes a uma estonteante taxa de 135.423% ao ano, e com três planos econômicos heterodoxos no intervalo"[41]. Após os três planos de estabilização, "as primeiras eleições diretas depois do regime militar afinal teriam o seu segundo turno em dezembro de 1989, exatamente quando a inflação superava pela primeira vez o limiar da hiperinflação, 50% mensais"[42].

Nesse período, foi criada a Câmara de Custódia e Liquidação que visava a garantir segurança e agilidade às operações do mercado financeiro, bem como o Conselho de Recursos do Sistema Financeiro Nacional como corte recursal das decisões de aplicação de penalidades administrativas da Comissão de Valores Mobiliários e do Banco Central.

Ainda, houve o advento do Decreto-Lei nº 2.286/1986, regulando o mercado de derivativos, e do Decreto-Lei nº 2.321/1987 que instituiu o Regime de Administração Especial Temporária, sob a premissa de defesa das finanças públicas.

O Conselho Monetário Nacional, no mesmo sentido, por meio da Resolução nº 1.289/1987, estabeleceu normas para o investimento estrangeiro. No mesmo ano, ainda, foi instituído o Plano Contábil das Instituições do Sistema Financeiro Nacional para uniformizar os procedimentos de elaboração das demonstrações financeiras. Em 1988, o Conselho Monetário, por meio da Resolução nº 1.524, autorizou o funcionamento dos bancos múltiplos e, consequentemente, propiciou a concentração do

---

[40] FRANCO, Gustavo H. B. **A moeda e a lei**: uma história monetária brasileira. 1. Ed. Rio de Janeiro: Zahar, 2017. p. 63.
[41] FRANCO, Gustavo H. B. **A moeda e a lei**: uma história monetária brasileira. 1. Ed. Rio de Janeiro: Zahar, 2017. p. 62.
[42] FRANCO, Gustavo H. B. **A moeda e a lei**: uma história monetária brasileira. 1. Ed. Rio de Janeiro: Zahar, 2017. p. 27.

SANDBOX REGULATÓRIO

mercado financeiro nacional, de forma contrária ao regime de especialização que estava sendo implementado até então.

Nesse cenário, como explica Gustavo Franco, em março de 1990, Fernando Collor de Mello assumiu a Presidência da República com a inflação em 82% ao mês[43]. E, ainda assim, outros dois planos heterodoxos seriam experimentados, incluindo o mais violento de todos, o Plano Collor, antes do impeachment de seu autor, em fins de 1992. Posteriormente, Itamar Franco, o novo presidente, "ainda testaria três ministros da Fazenda antes de Fernando Henrique Cardoso assumir o cargo em maio de 1993 e empreender as reformas que compuseram o Plano Real"[44].

No final de 1993, inicia-se o que pode ser considerado o sétimo momento regulatório brasileiro, quando "começou a ser implementado o plano mais engenhoso de combate à inflação já utilizado no país que conseguiu reduzir a inflação e mantê-la sob controle"[45]. As medidas adotadas dividiram-se em três estratégias: (i) ajuste fiscal, mediante uma expansão monetária restritiva; (ii) indexação completa da economia, mediante a Unidade Real de Valor, por meio da valorização da taxa de câmbio e o regime fixo de câmbio[46]; e (iii) transformação da Unidade Real de Valor em Real.

Sobre a experiência da URV, esta pode ser considerada:

> inovadora e fascinante (...) um mecanismo que alinhou o comportamento natural egoísta e cauteloso das pessoas em relação às suas defesas contra a

---

[43] FRANCO, Gustavo H. B. **A moeda e a lei**: uma história monetária brasileira. 1. Ed. Rio de Janeiro: Zahar, 2017. p. 62.

[44] FRANCO, Gustavo H. B. **A moeda e a lei**: uma história monetária brasileira. 1. Ed. Rio de Janeiro: Zahar, 2017. p. 62.

[45] GREMAUD, A.P.; TONETO JUNIOR, R.; VASCONCELLOS, M.A.S. **Economia Brasileira Contemporânea**. 4. ed. São Paulo: Atlas, 2002. p. 467.

[46] Medidas de difícil operacionalização, já que "entre o final de 1994 e o ano de 1998, o mercado financeiro internacional foi sacudido por três crises importantes. A primeira foi a do México, que afetou fortemente os mercados emergentes no primeiro semestre de 1995. A segunda foi a dos países da Ásia em 1997. E a terceira foi a da Rússia, em 1998. Em todas elas, o Brasil foi seriamente afetado pelo efeito contágio associado à redução dos empréstimos aos países emergentes" (VIANNA, S.B.; VILLELA, A. O Pós- Guerra (1945 – 1955). In: GIAMBIAGI, F.; VILLELA, A. (org) et al. **Economia Brasileira Contemporânea** (1945 – 2004). Rio de Janeiro: Elseveir, 2005. p. 176).

inflação com os objetivos maiores de reconstrução de uma só unidade de conta em referência à qual os preços relativos estivessem corretos e visíveis. Na verdade, foi o "antipacto", ou seja, uma solução de mercado orientada pelos interesses pessoais de cada um, e não pela solidariedade ou por qualquer tipo de acordo. Só assim funcionaria, este é o mundo real. O sucesso foi inequívoco, e com isso se inverteu a barreira de desconfiança que se erguia contra o plano[47].

Foi deste modo que, em 1º de julho de 1994, quando entrou em vigor a Medida Provisória nº 542/1994, a Unidade Real de Valor foi emitida com o nome Real e o Banco Central do Brasil deixou o mercado de câmbio de forma a permitir o ambiente para a flutuação da nova moeda. Ainda, na mesma ocasião, o Plano Real trouxe a única modificação que poderia, de fato, ser introduzida na Lei nº 4.595/64 "com o intuito de desfazer a captura do BCB e desmontar o sistema de bancos públicos irmanados em torno do orçamento monetário: reduzir o número de membros do CMN para três"[48], que antes eram nove, em uma lógica de atuação embasada no orçamento monetário que ocasionava a efetiva subordinação do Banco Central do Brasil às operações ativas do conjunto dos bancos públicos determinadas pelo governo via Conselho Monetário Nacional, o que multiplicava os mecanismos de apropriação e de direcionamento dos recursos dos bancos privados, de modo que os processos de criação de moeda pareciam concentrados no órgão que, por sua vez, estava subordinado ao Presidente da República. Essa alteração foi complementada com a criação do Comitê de Política Monetária em 1996[49].

---

[47] FRANCO, Gustavo H. B. **A moeda e a lei**: uma história monetária brasileira. 1. Ed. Rio de Janeiro: Zahar, 2017. p. 65.

[48] FRANCO, Gustavo H. B. **A moeda e a lei**: uma história monetária brasileira. 1. Ed. Rio de Janeiro: Zahar, 2017. p. 65.

[49] As providências monetárias e fiscais de 1994, portanto, "influindo sobre práticas de correção monetária e reduzindo o escopo de atividade dos bancos públicos, em si já representavam um notável avanço no horizontalismo ou no tratamento equânime do cidadão pela regulamentação da moeda e do crédito. A moeda estável era para todos, o mesmo valendo para o acesso ao crédito" (FRANCO, Gustavo H. B. **A moeda e a lei**: uma história monetária brasileira. 1. Ed. Rio de Janeiro: Zahar, 2017. p. 68).

SANDBOX REGULATÓRIO

Nesse momento o cenário do comando da política monetária estava reestruturado e, consequentemente, organizado o contexto que permitiria a "reconstrução completa de governança da política monetária que viria em conjunto com as diversas agendas fundamentalistas envolvendo os bancos federais e estaduais, e sua transformação em bancos comerciais comuns, sua extinção ou privatização"[50].

Esse novo ciclo de reformulação das práticas e estruturas de regulação[51] foi marcado pelo advento da Resolução CMN nº 2.099/1994, que incorporou no Brasil as recomendações estabelecidas pelo Acordo de Basiléia I, que estabeleceu recomendações para as exigências mínimas de capital para instituições financeiras internacionalmente ativas para fins de mitigação do risco de crédito e sintonia com o grau de risco de seus ativos[52].

O governo desenvolveu programas destinados à denominada reestruturação das instituições, como o Programa de Estímulo à Reestruturação e ao Fortalecimento do Sistema Financeiro Nacional[53], o Programa de

---

[50] FRANCO, Gustavo H. B. **A moeda e a lei**: uma história monetária brasileira. 1. Ed. Rio de Janeiro: Zahar, 2017. p. 65.

[51] A longa convivência com a inflação permitiu às instituições financeiras uma dinâmica na qual os ganhos proporcionados por passivos não remunerados, que compensavam eventuais ineficiências administrativas e perdas decorrentes de concessões de créditos de liquidação duvidosa por isso, os resultados do período "tiveram comprometida sua capacidade de avaliar corretamente riscos e analisar a rentabilidade de investimentos, bastando, para auferir grandes lucros, especializar-se na captação de recursos de terceiros e apropriar-se do chamado imposto inflacionário" (LIMA, G.T. Evolução Recente da Regulação Bancária no Brasil. In: SOBREIRA, R. (org) et al. **Regulação Financeira e Bancária**. São Paulo: Atlas, 2005. p. 201)

[52] LIMA, G.T. Evolução Recente da Regulação Bancária no Brasil. In: SOBREIRA, R. (org) et al. **Regulação Financeira e Bancária**. São Paulo: Atlas, 2005. p. 201.

[53] Programa que contempla "a criação de uma linha especial de assistência financeira destinada a financiar reorganizações administrativas, operacionais e societárias de instituições financeiras que resultem na transferência de controle ou na modificação de objeto social para finalidades não privativas de instituições financeiras" (PUGA, F. P. Sistema Financeiro Brasileiro: Reestruturação Recente, Comparações Internacionais e Vulnerabilidade à Crise Cambial. In: GIAMBIAGI, F.; MOREIRA, M.M. (org) et al. **A Economia Brasileira nos Anos 90**. 1. ed. Rio de Janeiro: BNDES, 1999. p. 419).

Incentivo à Redução do Setor Estadual na Atividade Bancária[54] e o Programa de Fortalecimento das Instituições Financeiras Federais[55].

Ainda, o Conselho Monetário Nacional criou (i) o Fundo Garantidor de Crédito, por meio da Resolução nº 2.197/1995; (ii) o Sistema Central de Risco de Crédito, por meio da Resolução nº 2.390/1997; e (iii) as Companhias Securitizadoras de Créditos Financeiros, por meio da Resolução nº 2.493/1998. Essa reestruturação do sistema de créditos também contou com a Resolução nº 2.554/1998, com imposições de controle para a redução de riscos operacionais[56].

No ano de 1998, promovendo o que Gustavo Franco denomina como "Revolução Cultural", "a inflação alcançou-se a marca de 1,6% ao ano, "recorde e marca importantíssima para determinar a desintoxicação de mentes e contratos embriagados de expectativas invariavelmente negativas sobre a inflação, e mesmo antes do ajuste fiscal se mostrar de forma mais clara"[57], mesmo com a tensão da situação externa acentuadamente deteriorada com crises na Rússia e, sobretudo, em Wall Street.

---

[54] Instituído por meio da Medida Provisória 1.514/1996, "com a finalidade de sanear o sistema financeiro público estadual, teve pela primeira vez, a ajuda federal, num montante de 100% dos recursos necessários ao saneamento dos bancos estaduais, que foi condicionada ou à privatização das instituições ou à sua transformação em agências de fomento ou à sua liquidação" (PUGA, F. P. Sistema Financeiro Brasileiro: Reestruturação Recente, Comparações Internacionais e Vulnerabilidade à Crise Cambial. In: GIAMBIAGI, F.; MOREIRA, M.M. (org) et al. **A Economia Brasileira nos Anos 90**. 1. ed. Rio de Janeiro: BNDES, 1999. p. 419).

[55] O objetivo era refletir padrões internacionais estabelecidos pelo Acordo de Basileia I, a fim de tornar os bancos públicos federais mais fortes, mais competitivos e, sobretudo, mais transparentes, de modo a impor aos bancos públicos federais a mesma disciplina a que estavam submetidos os bancos privados, mediante a lógica empresarial privada (ARAUJO, Victor Leonardo; CINTRA, Marcos Antonio Macedo. O papel dos bancos públicos federais na econômica brasileira. **Instituto de Pesquisa Aplicada**, 2011. p. 16).

[56] Nesse sentido, "a qualidade dos devedores, o tipo, a destinação e o valor da operação entraram como critérios para a classificação de risco. A classificação deveria ser feita mesmo na ausência de atraso nos pagamentos. As novas regras implicam uma provisão maior e mais ajustada de reservas em relação às efetivas condições de risco de crédito nas carteiras dos bancos" (LIMA, G.T. Evolução Recente da Regulação Bancária no Brasil. In: SOBREIRA, R. (org) et al. **Regulação Financeira e Bancária**. São Paulo: Atlas, 2005. p. 206).

[57] FRANCO, Gustavo H. B. **A moeda e a lei**: uma história monetária brasileira. 1. Ed. Rio de Janeiro: Zahar, 2017. p. 66.

Em 2000, foi lançado, por meio da Medida Provisória n° 2.008, o Novo Sistema de Pagamentos Brasileiro, que instituiu a reorganização tecnológica das comunicações, intermediando a relação das instituições financeiras com o Banco Central. No mesmo ano, com a Lei de Responsabilidade Fiscal, estabelecia-se, pela primeira vez o equilíbrio fiscal dentro do "terreno do politicamente correto (...) o conceito penetrou fundo nos órgãos de controle do setor público e veio a se confundir mesmo com a probidade administrativa, com as consequências que se conhece sobre o debate a respeito de 'maquiagens contábeis' e 'pedaladas fiscais'"[58].

Ressalte-se ainda que foi em meados de 1994 que o Brasil iniciou uma nova fase de sua história monetária[59], o que pode ser considerado como oitavo momento regulatório brasileiro, com os "novos termos de convivência definidos entre nominalismo e valorismo"[60]. Nominalismo pode ser tomado como princípio da teoria monetária a partir do qual a atribuição legal de um determinado valor nominal à moeda não é suscetível a alterações[61], enquanto o valorismo busca manter estável o valor de uma determinada prestação, ainda que haja a desvalorização da moeda, de modo que os termos buscam harmonizar a fragmentação das funções da moeda. Explica-se.

Houve a liberalização cambial como processo de abertura para o diálogo com a globalização, embora os mecanismos restritivos na área comercial ainda fossem responsáveis pelos diminutos graus de abertura no Brasil, de modo que o mercado de câmbio foi liberalizado praticamente por completo, como a conta de capitais, "de tal sorte que era como se o país tivesse retornado à conversibilidade, porém, com taxas flexíveis, e as restrições cambiais remanescentes, que não são triviais, estivessem limitadas aos assuntos prudenciais, tributários e de prevenção à lavagem

---

[58] FRANCO, Gustavo H. B. **A moeda e a lei**: uma história monetária brasileira. 1. Ed. Rio de Janeiro: Zahar, 2017. p. 67.

[59] FRANCO, Gustavo H. B. **A moeda e a lei**: uma história monetária brasileira. 1. Ed. Rio de Janeiro: Zahar, 2017. p. 73.

[60] FRANCO, Gustavo H. B. **A moeda e a lei**: uma história monetária brasileira. 1. Ed. Rio de Janeiro: Zahar, 2017. p. 73.

[61] MOREIRA NETO, Diogo de Figueiredo. Estabilização monetária. **Revista de Direito Administrativo**, Rio de Janeiro, v. 196, abr. 1994, p. 9.

de dinheiro"[62]. Junto a isso, a reconquista da governança da moeda pelas reformas no Conselho Monetário Nacional e pela criação do Comitê de Política Monetária, solidificaram a boa governança e a independência do Banco Central.

Toda essa conjuntura está atrelada, por outro lado e em razão dos avanços tecnológicos, com o deslocamento do papel central da moeda de pagamento para os sistemas de liquidação e compensação, "ou para o plástico e o virtual, nos quais a moeda se torna ainda mais abstrata do que era, e cada vez mais difícil de definir"[63]. A especulação sobre o futuro no que diz respeito à moeda e as finanças, proporciona um número ilimitado de possibilidades à sociedade no que diz respeito ao intercâmbio de bens e serviços, "onde as limitações nacionais não mais impedem elos globais de toda ordem – e menos ainda no terreno das trocas monetárias"[64].

O novo contexto de fluidez dos meios de pagamento pode suscitar debates sobre a adoção ou não da regulação como instrumento necessário, especialmente quando se considera, como fazem alguns economistas, que a regulamentação pode ser conduzida, projetada e operada em benefício exclusivo de algumas organizações[65]. Ao mesmo tempo, em decorrência das características atuais produzidas pelas alterações tecnológicas, a estipulação da moeda de conta pode escapar do alcance das autoridades, modificam-se os mecanismos de execução dos contratos, abrindo-se espaço, inclusive, para a autorregulação, tudo associado ao desenvolvimento de diagnósticos perturbadores sobre os reguladores[66].

Analisados os momentos regulatórios do mercado financeiro até a era disruptiva, tem-se que:

---

[62] FRANCO, Gustavo H. B. **A moeda e a lei**: uma história monetária brasileira. 1. Ed. Rio de Janeiro: Zahar, 2017. p. 73.

[63] FRANCO, Gustavo H. B. **A moeda e a lei**: uma história monetária brasileira. 1. Ed. Rio de Janeiro: Zahar, 2017. p. 73.

[64] FRANCO, Gustavo H. B. **A moeda e a lei**: uma história monetária brasileira. 1. Ed. Rio de Janeiro: Zahar, 2017. p. 76.

[65] STIGLER, George J. The Theory of Economic Regulation. **Bell Journal of Economicsand Management Science** 2, no. 1 (Spring 1971): 3.

[66] FRANCO, Gustavo H. B. **A moeda e a lei**: uma história monetária brasileira. 1. Ed. Rio de Janeiro: Zahar, 2017. p. 76.

SANDBOX REGULATÓRIO

A tecnologia talvez seja a resposta, e foi basicamente em torno dela que a especulação sobre o futuro se tornou tema corriqueiro. No terreno da moeda e das finanças há muito material para se trabalhar, o fim do papel-moeda é um tema comum (...) e geralmente acompanhado de considerações sobre as novas moedas digitais, ou *crypto currencies,* e a tecnologia que geralmente as apoia, o *blockchain*[67].

A tecnologia proporciona novas possibilidades a cidadãos e empresas, propicia a disseminação do intercâmbio internacional de bens, serviços e ativos, num território novo, onde "as limitações nacionais não mais impedem elos globais de toda ordem"[68]. Por outro lado, "as trocas no interior e entre empresas transnacionais – muitas bem maiores que os países – e entre redes organizadas de indivíduos vão se sobrepondo e adquirindo autonomia sobre as trocas entre nações"[69].

As experiências de regulação, apesar de terem sido amplamente utilizadas no decorrer da história, tanto na experiência nacional como internacional, estará de tempos em tempos em dissonância com as características da era digital. O ambiente digital promove institutos disruptivos que podem confrontar com os termos da regulação vigente e conduzir a debates sobre a natureza da regulação que deve prevalecer, inclusive porque o aprendizado coletivo[70], que consiste na transmissão no tempo de nosso estoque acumulado de conhecimento[71], associa-se às necessárias periódicas transformações institucionais.

---

[67] FRANCO, Gustavo H. B. **A moeda e a lei**: uma história monetária brasileira. 1. Ed. Rio de Janeiro: Zahar, 2017. p. 76.

[68] FRANCO, Gustavo H. B. **A moeda e a lei**: uma história monetária brasileira. 1. Ed. Rio de Janeiro: Zahar, 2017. p. 76.

[69] FRANCO, Gustavo H. B. **A moeda e a lei**: uma história monetária brasileira. 1. Ed. Rio de Janeiro: Zahar, 2017. p. 76.

[70] O aprendizado coletivo é construído a partir do processo de aprendizagem, no qual "(i) the way in which a given belief structure filters the information derived from experiences and (ii) the different experiences confronting individuals and societies at different times" (NORTH, Douglass C. Economic Performance Through Time. In: **The American Economic Review**, Vol. 84, No. 3 (Jun., 1994), pp. 359-368. Disponível em <http://www. jstor.org/stable/2118057> Acesso em 12 de outubro de 2017. p. 364).

[71] HAYEK, Friedrich A. **The Constitution of Liberty**. Chicago: Chigado University Press, 1960, p. 27.

O aprendizado coletivo e cumulativo conduz a que determinadas sociedades possam estar aprisionadas em sistemas de crenças e instituições que não possuem a capacidade de confronto, de modo que não propiciam soluções eficientes aos novos problemas gerados pela complexidade social. Assim, os incentivos para que se adquira o conhecimento é basilar no processo de crescimento econômico, e se mostra diretamente influenciado pelo grau de tolerância de uma sociedade aos desenvolvimentos criativos, desembocados nas mudanças tecnológicas que precisam ser integradas com a análise institucional para fins de sopesamento sobre a opção regulatória.

2.2. As teorias e os desafios regulatórios do mercado financeiro

As transformações sociais têm sido intensificadas pela tecnologia e suas inovações que podem trazer dificuldades para o mercado e, especialmente, para a regulação. Sob o prisma internacional, não existe, atualmente, nenhum órgão que funcione como um regulador global do mercado financeiro cujas atribuições acabam sendo assumidas por organismos internacionais (Fundo Monetário Internacional, Acordo Geral de Tarifas e Comércio, Organização para a Cooperação e Desenvolvimento Econômico, Banco de Compensações Internacionais) que se restringem a esforços analíticos e à emissão de recomendações.

Em uma perspectiva nacional, a atual estrutura de regulação financeira é resultado de um longo processo. A Constituição Federal deu ênfase ao respeito aos primados da livre iniciativa e da livre concorrência (art. 1º, IV; art. 170). A modulação da concorrência pode ser associada ao propósito interventivo corretivo, ou seja, quando necessária para assegurar o referido propósito[72], ou ainda, quando se considera a proteção aos direitos fundamentais de forma a justificar medidas restritivas ao acesso de agentes ao mercado[73].

---

[72] Cf. STF, **ADPF nº 46**, voto do Ministro Eros Grau. BRASIL. Supremo Tribunal Federal. Arguição de Descumprimento de Preceito Fundamental nº 46. Brasília. 26 de fevereiro de 2010.

[73] MARQUES NETO, Floriano de Azevedo. Universalização de serviços públicos e competição: o caso da distribuição de gás natural. In: **Revista de Direito Administrativo** (RDA), v. 223, 2001, pp. 137 e 140

Por outro lado, o texto constitucional brasileiro dedicou um título específico para tratar da ordem econômica e financeira (arts. 170 a 181 da Constituição Federal), impondo limites claros e objetivos para a iniciativa privada quanto ao livre exercício e à exploração das atividades econômicas, reservando ao Estado a possibilidade de intervenção para controle do poder econômico. Há, ainda, a modalidade da intervenção indireta, que ocorre quando o Estado atua por meio de normas, na regulação das atividades econômicas mediante exercício de suas funções de fiscalização, incentivo e planejamento (art. 174, *caput*, Constituição Federal).

Diante das limitações estatais e sabendo-se que o desenvolvimento leva, progressivamente, a outras inovações[74], tem-se que especificamente as inovações tecnológicas no âmbito do mercado financeiro propõem desafios regulatórios severos, que obrigam à reformulação das técnicas tradicionais, tanto para direcionar, quanto para atender aos objetivos necessários – tais como a proteção aos investidores e a formação eficiente de capital.

O mercado financeiro brasileiro, especificamente, como instrumento de viabilização da transferência de recursos dos agentes, operacionaliza-se por meio do Sistema Financeiro, que é o "conjunto de instituições e instrumentos que possibilitam e facilitam o fluxo financeiro entre os poupadores e os tomadores de recursos na economia"[75]. As diversas transações financeiras realizadas, desde os depósitos até aplicações financeiras, pagamentos, investimentos, empréstimos, financiamentos, entre outros, reúnem os agentes superavitários – que possuem recursos – e os agentes deficitários – que demandam recursos. É a relação entre ambos e a conciliação entre interesses que o sistema financeiro regula.

O Sistema Financeiro brasileiro está basicamente disciplinado pela Lei nº 4.595/1964[76] que define, em seu art. 1º, a sua constituição, qual seja: Conselho Monetário Nacional, Banco Central da República do Bra-

---

[74] MACKAAY, Ejan; ROUSSEAU, Stéphane. **Análise Econômica do Direito**. Tradução Rachel Sztajn. 2. Ed. São Paulo: Atlas, 2015. p. 94.

[75] CVM – Comissão de Valores Mobiliários. **O mercado de valores mobiliários**. Portal do Investidor. Disponível em: https://www.investidor.gov.br/menu/Menu_Investidor/introducao_geral/introducao_mercado.html Acesso em 11 de maio de 2021.

[76] Informação disponível em <http://www.planalto.gov.br/ccivil_03/leis/l4595.htm> Acesso em 08 de junho de 2021.

sil, Banco Central do Brasil, Banco do Brasil S. A., Banco Nacional do Desenvolvimento Econômico, e demais instituições financeiras públicas e privadas. Logo em seu art. 2º, traz como seu órgão máximo o Conselho Monetário Nacional. O sistema é composto pelos segmentos: moeda, crédito, capitais, câmbio, seguros privados e previdência fechada; e sua organização possui órgãos normativos (como o Conselho Monetário Nacional), órgãos supervisores (como a Comissão de Valores Mobiliários) e órgãos operadores (como os bancos). O sistema é, portanto, integrado pelas instituições supervisoras, e de intermediação, composto pelas instituições operadoras.

Para além da mera existência formal do sistema financeiro, é preciso lembrar que as inovações impactam potencialmente na função regulatória.

A visão tradicional dos reguladores financeiros considera que, quando não existam dados suficientes ou não fique clara qual a melhor forma de agir – ou seja, caso ausente a compreensão dos riscos e como tratá-los; impõe-se a regra da visão tradicional na atuação preventiva por meio da regulação. Porém, aplicar essa lógica às inovações tecnológicas pode gerar efeitos negativos, como a demora da sua inserção no mercado de modo eficiente e oportuno[77].

Com relação às teorias sobre a regulação econômica, George J. Stigler sustenta que suas tarefas centrais são "justificar quem receberá os benefícios ou quem arcará com os ônus da regulação, qual forma a regulação tomará e quais os efeitos desta sobre a alocação de recursos"[78].

O autor enfatiza que a regulação pode funcionar como instrumento para atingir benefício privado[79], levantando questionamentos acerca

---

[77] VERMEULEN, Erik; FENWICK, Mark; KAAL, Wulf A. **Regulation Tomorrow: What Happens When Technology is Faster than the Law?** 2016, p. 16. Disponível em <https://papers.ssrn.com/sol3/papers.cfm?abstract_id=2834531>. Acesso em 09 de outubro de 2020.

[78] STIGLER, George J. A Teoria da Regulação Econômica. In: **Regulação econômica e democracia: o debate norte-americano** (Coord. Paulo Mattos). São Paulo: Ed. 34, 2004. p. 23.

[79] STIGLER, George J. A Teoria da Regulação Econômica. In: **Regulação econômica e democracia: o debate norte-americano** (Coord. Paulo Mattos). São Paulo: Ed. 34, 2004. p. 23.

de em que momento e por qual motivo se deve admitir a utilização do Estado para a obtenção de propósitos privados[80].

Conforme sua abordagem, o Estado proporciona à indústria o recurso básico do poder de coagir, de modo que pode regular e se apoderar do dinheiro pela tributação[81], bem como o controle sobre a entrada de novos concorrentes, manobra utilizada por toda e qualquer indústria que possuir poder político[82], podendo exercer sua influência, ainda, sobre produtos substitutos e a fixação de preços[83].

Outra forma de identificação dos riscos da opção regulatória está no risco de regulação excessiva ou de limitações de conhecimento do agente regulador sobre o setor regulado.

Tais riscos estão na base da adoção de postura restritiva sobre a regulação, pautada na concessão de liberdade ao mercado, a fim de que a sociedade continue se beneficiando de produtos e serviços de qualidade e com preços atrativos[84].

---

[80] STIGLER, George J. A Teoria da Regulação Econômica. In: **Regulação econômica e democracia: o debate norte-americano** (Coord. Paulo Mattos). São Paulo: Ed. 34, 2004. p. 25.

[81] STIGLER, George J. A Teoria da Regulação Econômica. In: **Regulação econômica e democracia: o debate norte-americano** (Coord. Paulo Mattos). São Paulo: Ed. 34, 2004. p. 25.

[82] George J. Stigler explica que a análise do processo político na democracia demonstra que a decisão é coercitiva e distinta daquela que seria tomada em caso de atuação dentro do mercado, de modo que a indústria que busca a regulação deve preparar-se para arcar com votos e recursos financeiros, duas necessidades partidárias (STIGLER, George J. A Teoria da Regulação Econômica. In: **Regulação econômica e democracia: o debate norte-americano** (Coord. Paulo Mattos). São Paulo: Ed. 34, 2004. p. 33).

[83] STIGLER, George J. A Teoria da Regulação Econômica. In: **Regulação econômica e democracia: o debate norte-americano** (Coord. Paulo Mattos). São Paulo: Ed. 34, 2004. p. 28.

[84] Nesse sentido, manifestam-se autores: Sam Peltzman, no trabalho "A Teoria Econômica da Regulação depois de uma década de Desregulação" (PELTZMAN, Sam. A Teoria Econômica da Regulação depois de uma década de Desregulação. In: **Regulação econômica e democracia: o debate norte-americano** (Coord. Paulo Mattos). São Paulo: Ed. 34, 2004, p. 81-127), que oferece algumas conclusões específicas; artigos de Jerry L. Mashaw, no seu "Reinventando o Governo e a Reforma Regulatória: estudos sobre a desconsideração e o abuso do Direito Administrativo" (MASHAW, Jerry L. Reinventando o Governo e a Reforma Regulatória: estudos sobre a desconsideração e o abuso do Direito

O uso inadequado das ferramentas, especialmente aquelas de natureza regulatória à disposição da máquina estatal, pode gerar desestímulo ao investimento e atuação no mercado. Porém, é incontestável que a atividade econômica possa se configurar ineficiente[85], momento no qual se torna evidente a necessidade de que sejam consideradas as falhas no mercado, ensejadoras de condutas abusivas e nocivas ao sistema de mercado. Ou seja, o papel estatal de saneamento das disfunções estruturais, com a implementação de políticas econômicas públicas que podem produzir impactos no mercado.

No entanto, a intervenção estatal no mercado, como forma de controle da ordem econômica e do próprio poder econômico[86], seja no exercício de funções normativas ou regulatórias, deve considerar a possibilidade de falhas regulatórias decorrentes das opções do agente regulador. Considere-se ainda que em termos teóricos, há interesses aparentemente antagônicos[87], com o Estado voltado à atenção do interesse público em suas políticas públicas e as empresas, detentoras de capital privado, que buscam a lucratividade para o retorno de seu investimento.

Administrativo. In: **Regulação econômica e democracia: o debate norte-americano** (Coord. Paulo Mattos). São Paulo: Ed. 34, 2004, p. 281-300) e Susan Rose-Ackerman, sobre a "Análise Econômica Progressista do Direito – e o Novo Direito Administrativo" (ROSE-ACKERMAN, Susan. Análise Econômica Progressista do Direito – e o Novo Direito Administrativo. In: **Regulação econômica e democracia: o debate norte-americano** (Coord. Paulo Mattos). São Paulo: Ed. 34, 2004, p. 243-280).

[85] MOREIRA, Egon Bockmann. **O direito administrativo contemporâneo e suas relações com a economia.** Curitiba: Editora Virtual Gratuita – EVG, 2016. p. 112.

[86] A propósito, fale reprisar as palavras de Rodrigo Fernandes Lima Dalledone ao comentar sobre o Programa de Parcerias de Investimentos – PPI (Lei nº 13.334/2016): "Com efeito, as metas macroeconômicas de ampliação das ofertas de emprego e de investimento e desenvolvimento social e econômico dever ser obtidas por um modelo que privilegia a iniciativa privada, a livre concorrência ("ampla e justa competição", a segurança jurídica, além da eficiência e transparência da atuação pública, reservando ao Estado a função de ente regulador, de quem se espera a 'mínima intervenção nos negócios e investimentos' (arts. 2º e 3º)" (DALLEDONE, Rodrigo Fernandes Lima. **O Programa de Parceria de Investimentos (PPI) e o papel do Estado na economia.** Revista de Direito Público da Economia: RDPE, ano 15, nº 57. Belo Horizonte: Fórum, janeiro/março – 2017. p. 198).

[87] LAMY FILHO, Alfredo. A função social da empresa e o imperativo de sua reumanização. **Revista de Direito Administrativo.** Rio de Janeiro, n. 190, out./dez. 1992. p. 57.

SANDBOX REGULATÓRIO

Os riscos decorrentes da opção regulatória são ainda mais potencializados quando se está diante das inovações tecnológicas, a saber: a legitimidade do ente regulador, o instrumento jurídico adequado, os limites aplicados, as penalidades, entre outros. É por esse motivo que, para além da cultura regulatória, sabe-se do desafio trazido pela ausência de instrumentos regulatórios dinâmicos, que tornem possível acompanhar a evolução dos agentes regulados, muito especialmente quando são participantes do mercado financeiro. Os desafios são diversos e complexos.

Como é sabido, as grandes crises financeiras mundiais[88] afetaram as estruturas regulatórias, que "evoluíram como conseqüência e como resposta às crises, voltadas sempre para trás, para ontem, raramente para hoje e nunca para o futuro"[89]. Essa lógica que busca estabilização para evitar outras crises está pautada em uma dialética regulatória que analisa as ações de regulação e reação (inovação) como forças indissociáveis, o que demanda um jogo complexo, no qual as mudanças no ambiente econômico e tecnológico alteram o potencial de movimento. Assim:

> A liberdade e velocidade com que os diferentes jogadores formulam e executam seus movimentos constituem sua eficiência adaptativa. A eficiência adaptativa média dos jogadores pode ser ordenada como segue: 1) jogadores menos regulados se movem mais rapidamente e mais livremente que outros mais regulados; 2) jogadores privados se movem mais rápida e livremente do que os jogadores governamentais; 3) jogadores regulados se movem mais rápida e livremente do que seus reguladores; 4) agências regulatórias internacionais se movem menos rápida e livremente do que outros participantes[90].

Todavia, ao Estado incumbe assegurar algum nível de estabilidade no ambiente econômico, assim como minimizar problemas sociais, o que

---

[88] V. Lopes, Rodrigo Lepski. **Crises financeiras e o paradigma da financeirização da riqueza abstrata**: os desafios para a superação do rentismo em suas formas contemporâneas. Campinas, São Paulol: [s.n.], 2010. Orientador: José Carlos de Souza Braga. Dissertação (mestrado) – Universidade Estadual de Campinas, Instituto de Economia.

[89] Corazza, Gentil (2000). **Os dilemas da supervisão bancária**. Indicadores Econômicos FEE, v. 28, n. 1. p. 87.

[90] Corazza, Gentil (2000). **Os dilemas da supervisão bancária**. Indicadores Econômicos FEE, v. 28, n. 1. p. 88-89.

conduz a uma tendência de forte regulamentação no setor. A opção da maior parte das normas expedidas no âmbito do mercado financeiro é de tratar "os participantes desse mercado de modo transversal, instituindo deveres e obrigações de acordo com serviço típico desenvolvido por eles (corretagem, gestão de recursos análise de investimentos etc.), independentemente das especificidades de cada negócio"[91].

Nesse sentido, surgem duas questões regulatórias que podem se interligar e proporcionar a melhor compreensão deste mercado: a desconexão regulatória e o risco sistêmico[92].

Assim:

> Dentro do guarda-chuva conceitual da desconexão regulatória, outros dois fenômenos se interligam e interagem: o descompasso regulatório (e o timing regulatório) e o alto grau de incerteza e complexidade, que, somados, podem ser considerados os principais desafios regulatórios à luz da inovação tecnológica disruptiva no mercado financeiro, os quais, por sua vez, fazem surgir novos questionamentos acerca de suas eventuais repercussões de natureza sistêmica[93].

Os descompassos dizem respeito ao exato problema imposto pelas inovações: o lapso temporal entre a constatação da desconexão regula-

---

[91] COUTINHO FILHO, Augusto. Regulação 'Sandbox' como instrumento regulatório no mercado de capitais: principais características e práticas internacionais. **Revista Digital de Direito Administrativo**, vol. 5, n. 2, p. 264-282, 2018. Disponível em <DOI: http://dx.doi.org/10.11606/issn.2319-0558.v5n2p264-282> Acesso em 10 de março de 2021.

[92] Isto pois, "Por estarmos preocupados com as implicações regulatórias das inovações sísmicas, no entanto, sua perturbação para outros participantes do mercado é menos central aqui do que sua relação com a regulação, incluindo seu efeito potencialmente perturbador sobre a capacidade regulatória" (Tradução livre de "Because we are concerned with the regulatory implications of seismic innovations, however, its disruptiveness to other market players is less central here than its relationship to regulation, including its potentially disruptive effect on regulatory capacity" [FORD, Cristie. Innovation and the state: finance, regulation, and justice. New York: **Cambridge University Press**, 2017, p. 166-167]).

[93] VIANNA, Eduardo Araujo Bruzzi. **Regulação das fintechs e sandboxes regulatórias**. Dissertação (mestrado) 168 f. Escola de Direito do Rio de Janeiro da Fundação Getúlio Vargas, 2019. p. 59.

tória e a resposta do regulador, bem como as incertezas dos efeitos que podem ser gerados e as consequentes mudanças no setor[94].

É essa desarmonia entre a realidade e a regulação do mercado financeiro que propicia o denominado risco sistêmico, que pode ser definido "como a ocorrência de equilíbrios subótimos, *i.e.*, socialmente ineficientes, que podem se transformar em armadilhas para os sistemas econômicos"[95]. Não há um ajuste de mercado espontâneo – resultante do comportamento individual racional – que possa libertar o sistema da situação macroeconômica precária, ou seja, risco de evento sistêmico que pode gerar contexto de colapso. Nesse sentido:

> Os teóricos tendem a atribuir eventos sistêmicos a uma de duas hipóteses gerais sobre o funcionamento dos mercados financeiros: – Informação assimétrica em mercados de crédito (Mishkin, 1995), que conduz à subestimação do risco e ao subseqüente sobreendividamento, fazendo surgir a fragilidade financeira, que resulta em um aumento acentuado no custo da intermediação financeira e/ou num credit crunch. – Formação de preços de ativos em condições de liquidez restrita (Minsky, 1986), que descreve a alternância de euforia e desilusão gerada por fortes interações subjetivas entre os participantes do mercado, as quais fazem surgir comportamentos coletivos (contágio e pânico)[96].

Considerando que a atividade financeira não significa o mero processamento de informação, mas também a aquisição de conhecimento em condições de incerteza, podem ocorrer falhas de coordenação, já que os processos cognitivos dependem das interações que, por sua

---

[94] Esses fatores ocasionam as alterações regulatórias, inclusive aquelas que tendem à desregulação, como é o caso do Sandbox, que visa a estruturar e sistematizar os processos, para analisar os riscos e transformar as incertezas em cálculos, para entender a melhor tomada de escolhas regulatórias.

[95] AGLIETTA, Michel. Lidando com o risco sistêmico. Traduzido do inglês por Maria Clara Paixão de Sousa. Revisão técnica de Antonio Carlos Macedo e Silva. **Economia e Sociedade**, Campinas, (11): 1-32, dez. 1998. p. 3.

[96] AGLIETTA, Michel. Lidando com o risco sistêmico. Traduzido do inglês por Maria Clara Paixão de Sousa. Revisão técnica de Antonio Carlos Macedo e Silva. **Economia e Sociedade**, Campinas, (11): 1-32, dez. 1998. p. 3.

vez, são influenciadas pelas externalidades. Externalidades aqui compreendidas em sua relação com as falhas de mercado, visto que em sua presença, o equilíbrio natural do mercado não é capaz de cessar seus efeitos negativos[97] que são influenciadas pelas referidas interações e desencadeiam efeitos na atividade financeira, como pode ocorrer, a título exemplificativo, na atividade de um agente econômico que produza efeitos sobre o aproveitamento de determinado recurso escasso sem a adequada compensação.

Diante do dilema entre regular ou não e das dificuldades inerentes ao processo, Lyria Bennett Moses considera quatro aspectos relevantes:

(A) A necessidade de leis especiais. Pode ser necessário regulamentar certas novas formas de conduta usando novas leis especialmente adaptadas. Em alguns casos, pode até ser apropriado proibir uma tecnologia específica ou aplicações específicas dessa tecnologia. Alternativamente, pode haver propostas para ordenar ou encorajar uma nova atividade. (B) Incerteza. A lei pode ser incerta, pois se aplica a novas formas de conduta. Em outras palavras, pode não estar claro se tal conduta é ordenada, proibida ou autorizada. As regras legais existentes podem precisar ser esclarecidas. (C) Inclusão excessiva e insuficiente. Onde as regras legais existentes não foram formuladas com as novas tecnologias em mente, essas regras podem incluir ou excluir inadequadamente novas formas de conduta. (D) Obsolescência. Algumas regras legais existentes podem ser justificadas, explícita ou implicitamente, com base em uma premissa que não existe mais[98].

---

[97] RIBEIRO, Marcia Carla Pereira; GALESKI JUNIOR, Irineu. Teoria Geral dos Contratos: contratos empresariais e análise econômica. 2. Ed. São Paulo: **Editora Revista dos Tribunais**, 2015. P. 116.

[98] Tradução livre de "There are four main reasons why advocates may urge legal change as a response to technological change, namely: (A) The Need for Special Laws. There may be a need to regulate certain new forms of conduct using new, specially tailored, laws. In some cases, it may even be appropriate to ban a particular technology or particular applications of that technology. Alternatively, there may be proposals to mandate or encourage a new activity. (B) Uncertainty. The law may be uncertain as it applies to new forms of conduct. In other words, it may not be clear whether such conduct is commanded, prohibited, or authorized. Existing legal rules may need to be clarified. (C) Over-inclusiveness and Under-inclusiveness. Where existing legal rules were not formulated with new technolo-

SANDBOX REGULATÓRIO

A compreensão desses fatores é relevante para analisar a adaptação regulatória do mercado financeiro, que segue sendo impactado especialmente pelas empresas de inovação tecnológica que ingressam no mercado financeiro, as *Fintechs*[99] . São novas formas de organização das instituições financeiras, que estão fora do espectro tradicional e que acentuam a constatação de que "o ambiente regulatório atual dá pouca (ou nenhuma) importância à inovação como força transformadora que é, ignorando o que esses novos agentes têm a oferecer para a melhora do bem-estar individual e coletivo".

Diante dos riscos e da complexidade regulatória, surgiu no âmbito das jurisdições estrangeiras[100], especialmente na inglesa, um novo instrumento de regulação compatível com a evolução de novas tecnologias no mercado financeiro: o Sandbox Regulatório. Trata-se de um instrumento por meio do qual o regulador confere uma autorização temporária "para que determinadas empresas prestem serviços ou ofereçam produtos financeiros com desconto regulatório em relação à regulamen-

---

gies in mind, those rules may inappropriately include or exclude new forms of conduct. (D) Obsolescence. Some existing legal rules may be justified, explicitly or implicitly, on the basis of a premise that no longer exists" (MOSES, Lyria Bennett. Recurring dilemmas: the law's race to keep up with technological change. **University of Illinois Journal of Law**, Technology & Policy, v. 7, p. 239-286, 2007, p. 248).

[99] Fintech é conceituado pela Organização Internacional de Comissões de Valores como os modelos de negócio inovadores que tipicamente oferecem um produto ou serviço financeiro de modo automatizado e, como resultado, desmantelam serviços financeiros clássicos – bancos, corretoras e gestores de recursos (INTERNATIONAL ORGANIZATION OF SECURITIES COMMISSIONS – IOSCO. **Research Report on Financial Technologies**, fevereiro de 2017. Disponível em <https://www.iosco.org/library/pubdocs/pdf/IOSCOPD554. pdf> Acesso em 02 de novembro de 2017. p. 4).

[100] Atualmente, as seguintes jurisdições já adotam ou iniciaram processos para implementação dessa forma de regulação: Canadá (Ontario Securities Commission–OSC), Reino Unido (Financial Conduct Authority-FCA), Holanda (Authority for the Financial Market– AFM e Nederlandsche Bank –DNB), Abu Dhabi (Abu Dhabi Global Market–ADGM), Hong Kong (Hong Kong Monetary Authority), Malásia (Bank Negara Malaysia), Singapura (Monetary Authority of Singapore–MAS) e Austrália (Australian Securities & Investments Commission–ASIC) (DELOITTE. **Regulatory Sandbox**: Making India a Global Fintech Hub, julho de 2017. Disponível em <https://www2.deloitte.com/content/dam/Deloitte/ in/Documents/%20technology-media-telecommunications/in-tmt-fintech-regulatory--sandbox-web.pdf> Acesso em 02 de janeiro de 2020).

tação vigente, desde que suas atividades estejam dentro dos limites pré-estabelecidos pelo regulador"[101]. Pressupõe a dispensa de observância de determinadas regras pelo participante, concessão de um regime de registro especial ou, até mesmo, a determinação de que o participante não estará sujeito a sanções no exercício de sua atividade.

No Brasil, já houve experimentos dessa modalidade de regulamentação na Comissão de Valores Imobiliários, na Superintendência de Seguros Privados, do Banco Central e no Conselho Monetário Nacional. O objetivo versa no seguinte sentido: autoriza-se o exercício da atividade dentro do espaço, desde que respeitadas as regras e os limites estabelecidos para sua atuação.

Os reguladores financeiros autorizam o funcionamento dos negócios de empresas inovadoras para promover o monitoramento dos riscos do mercado, por meio da reinvenção da função regulatória que, espera-se, contribua para o desenvolvimento do mercado.

A sistemática adotada gera benefícios para as empresas interessadas, no sentido de que podem aproveitar o regime especial para desenvolver suas atividades com a minimização do risco de incorrerem em infrações legais ou regulatórias. Por outro lado, o processo vai ao encontro da melhora na curva de aprendizado, de forma respeitosa às formas de negócio inovadoras. A análise quanto à conveniência ou não da ação regulatória fica postergada.

O trabalho, na busca de que sejam atingidos os seus objetivos, passará agora à análise da complexidade regulatória no que diz respeito à inovação do mercado financeiro, dissecando seus elementos para compreender a teoria da regulação sob a perspectiva do mercado financeiro e analisar os modelos regulatórios internacionais vigentes.

---

[101] COUTINHO FILHO, Augusto. Regulação 'Sandbox' como instrumento regulatório no mercado de capitais: principais características e práticas internacionais. **Revista Digital de Direito Administrativo**, vol. 5, n. 2, p. 264-282, 2018. Disponível em <DOI: http://dx.doi.org/10.11606/issn.2319-0558.v5n2p264-282> Acesso em 10 de março de 2021

3.
A COMPLEXIDADE REGULATÓRIA DA INOVAÇÃO NO MERCADO FINANCEIRO E SEUS ELEMENTOS

Espera-se que as empresas inovadoras contribuam para o desenvolvimento do mercado financeiro, auxiliadas por uma ação regulatória que promova a maximização de objetivos sociais de desenvolvimento de forma eficiente.

Porém, antes de se cogitar da intervenção estatal, é preciso ponderar sobre as teorias regulatórias e os desafios peculiares ao mercado financeiro, para compreender em que medida a regulação deve ou não ser realizada ao se considerar o ambiente gerado pela tecnologia e, considerar os modelos internacionais. Tais elementos devem ser observados para a consolidação do pensamento científico de forma a que se possa apresentar elementos de avaliação dos impactos na esfera jurídica-econômica.

3.1. O problema da complexidade do mercado financeiro

A complexidade dos mercados financeiros modernos é agravada pelo ritmo da inovação financeira[102] e pode ser considerada uma função com duas variáveis: custos de informação e racionalidade limitada[103]. Essa limitação da razão possui dois fundamentos[104]: o neurofisiológico, no

---

[102] SCHWARCZ, Steven. **Regulating Complexity in Financial Markets**, 87 WASH. L. REv. 211 (2009). Disponível em < https://openscholarship.wustl.edu/cgi/viewcontent. cgi?article=1082&context=law_lawreview> Acesso em 09 de junho de 2021.

[103] BARBERIS, Nicholas; THALER, Richard. A Survey of Behavioral Finance. In George Constantinides, Milton Harris and Ren Stulz. **Handbook oJ the Economics of Finance**. Elsevier, Amsterdam, 2003. Disponível em < nber.org/system/files/working_papers/ w9222/w9222.pdf> Acesso em 01 de julho de 2021.

[104] KUPFER, David; HASENCLEVER, Lia. **Economia Industrial**: fundamentos teóricos e práticas no Brasil. Rio de Janeiro: Campus, 2002. p. 269.

SANDBOX REGULATÓRIO

que diz respeito à limitação humana na acumulação e processamento de informações, e o de linguagem, quanto à capacidade restrita de transmissão da informação.

Conforme defende Williamson, os limites cognitivos às transações podem ser contornados por meio do planejamento[105]. A racionalidade, por outro lado, pode ser classificada em três níveis: (i) forte, de acordo com a teoria neoclássica, a qual preconiza que a visão maximizadora dos agentes econômicos os capacita para a absorção e o processamento de toda a informação disponível; (ii) limitada, o que explica os custos de transação decorrentes da incompletude racional dos agentes; e (iii) orgânica, conforme a teoria evolucionista que entende os agentes como incapazes de antecipar os problemas de adaptação.

Para a compreensão da complexidade, pode-se imaginar duas situações: (i) um agente com a racionalidade forte, ou seja, perfeitamente racional e integralmente informado, que adquire e processa as informações livres das distorções da racionalidade limitada; e (ii) um agente com a racionalidade limitada, que busca compreender as alterações econômicas enredadas em um sistema de conexões entre mercados financeiros e instituições e, para tanto, precisa investir na captação e análise de informações.

Essa relação com a complexidade, portanto, é relativa, pois o que um agente pode compreender pode não ser o mesmo para o outro e vice-versa[106]. Nesse ponto cabe ressaltar o viés da chamada posicionalidade, defendido por Amartya Sen. O autor expõe que a posicionalidade da observação e do conhecimento é central para a epistemologia, pois visa a superar a análise dos problemas sob uma visão limitada, de modo que "a objetividade posicional exige a invariância interpessoal quando a posi-

---

[105] WILLIAMSON, Oliver E. Transactions Costs Economics. In **Handbook of Industrial Organization**, Volume I, Edited by R. Schmalensee and R.D. Willig, Elsevier Science Publishers B.V., 1989. Disponível em < https://www.sciencedirect.com/science/article/B7P5S-4FD79WP-6/2/0914fe6c6d1a529986597138e2e304f2> Acesso em 01 de março de 2021.

[106] As variáveis que influenciam podem ser infinitas, desde dificuldades na escala na produção ou análise de informações quanto restrições tecnológicas ou até mesmo de recursos, seja pela posição inicial do primeiro agente quanto por interferências externas de estrutura de mercado, regulação e problemas institucionais de livre fluxo de informações.

ção observacional é fixa, e essa exigência é inteiramente compatível com variações do que é visto de posições diferentes"[107].

Nesse sentido, "diferentes pessoas podem ocupar a mesma posição e confirmar a mesma observação; e a mesma pessoa pode ocupar diferentes posições e fazer observações dissimilares"[108] e, consequentemente, a racionalidade decisória restará prejudicada. Nas palavras do autor, as exigências da escolha racional podem ser traduzidas por meio de uma resposta:

> Uma resposta que ganhou popularidade na economia e, mais recentemente, na política e no direito é que as pessoas escolhem racionalmente se e apenas se elas inteligentemente buscam realizar o seu autointeresse, e nada mais. Essa abordagem bastante estreita da escolha racional recebe o ambicioso nome — estranhamente não sectário — de "teoria da escolha racional" (é chamada apenas assim, um tanto surpreendentemente, sem nenhuma outra qualificação)[109].

Se "cada escolha real resulte ser sempre racional, no sentido de ser sustentável passando pela crítica, a pluralidade da escolha racional torna difícil obter uma previsão única da escolha real de uma pessoa a partir da ideia de racionalidade apenas"[110], a própria regulação e o agente que a consolidar, enquanto agente regulatório, já estará em posição de escolha diferente, o que representa a fonte de muitos dos desafios regulatórios.

A complexidade é, por si só, um fenômeno subjetivo, que pode gerar o oportunismo, ou seja, o uso da assimetria informacional de forma autointeressada e maliciosa pelo agente econômico[111], tanto por meio de condutas de qualidade jurídica quanto por distorções fáticas, de modo que

---

[107] SEN, Amartya. **A ideia de justiça**. Companhia das Letras: São Paulo, 2009. p. 188.

[108] SEN, Amartya. **A ideia de justiça**. Companhia das Letras: São Paulo, 2009. p. 188.

[109] SEN, Amartya. **A ideia de justiça**. Companhia das Letras: São Paulo, 2009. p. 208.

[110] SEN, Amartya. **A ideia de justiça**. Companhia das Letras: São Paulo, 2009. p. 215.

[111] Ainda, importante ressaltar que: "By opportunism I mean self-interest seeking with guile. This includes limited to more blatant forms, such as lying, stealing, and cheating. Opportunism more often involves subtle forms of deceit. Both active and passive forms and both ex ante and ex post types are included. (...) More generally, opportunism refers to the incomplete or distorted disclosure of information, especially to calculated efforts to

implique a prevalência da posição de vantagem a seu favor. Importante ressaltar que há três níveis de comportamento oportunista: (i) autointeresse forte, que envolve ações essencialmente egoístas dos agentes, (ii) autointeresse simples, por meio do qual os agentes preservam o cumprimento dos contratos[112] e (iii) obediência, que denota a servidão às formulações utópicas dos mecanismos da engenharia social.

Assim, é preciso pensar em como pode ser proposta a regulação – de modo a reduzir os riscos nos mercados financeiros e auxiliar sua implementação de forma eficiente, e diminuir objetivos com cumprimento dificultado em virtude da variedade de tecnologias – bem como refletir sobre novos produtos, modelos de negócios, ferramentas e participantes. Para estabelecer padrões regulatórios que possam caminhar na mesma velocidade da inovação é preciso compreender as atividades do mercado financeiro e os impactos legislativos, para promover ajustes quando necessário – e é nessa lógica que o Sandbox foi criado.

3.2. Os elementos que devem ser considerados na regulação do mercado financeiro

Em virtude da complexidade, os agentes utilizam-se de heurísticas[113] como estratégia para compreender os fatos. O reconhecimento de que podem existir elementos do sistema financeiro que são tão complexos a ponto de impossibilitar a compreensão absoluta, por si só, tem implicações regulatórias profundas.

Por esse motivo, devem ser analisados quatro elementos fundamentais no processo regulatório: tecnologia conectiva, distorção informacional, fragmentação regulatória e reflexividade. Tais elementos, por sua vez, podem ser separados de acordo com três influências: (i) quanto à

---

mislead, distort, disguise, obfuscate, or otherwise confuse" (WILLIAMSON, Oliver E. **The Economic Institutions of Capitalism**. New York: Free Press, 1985, p. 47).

[112] FARINA, Elizabeth M.M.Q; AZEVEDO, Paulo F; SAES, Maria Sylvia M. **Competitividade**: mercado, Estado e organizações. São Paulo: Editora Singular, 1997.

[113] Que são "atalhos mentais muitas vezes simplórios, que diante de problemas complexos apresentam respostas singelas, nem sempre corretas" (RIBEIRO, Marcia Carla Pereira; DOMINGUES, Victor Hugo. Vieses e Heurísticas. In: **Análise Econômica do Direito: justiça** KLEIN, Vinicius. 1. Ed. Curitiba: CRV, 2016. p. 49).

veracidade da informação, (ii) quanto ao processamento da informação e (iii) quanto à mudança da informação.

O primeiro elemento é a tecnologia, já que seus avanços, no que diz respeito à informação, contribuíram positivamente para a eficiência informacional dos mercados financeiros[114]. Máquinas rápidas aproximaram os agentes do mercado e possibilitaram a implementação de sistemas técnicos sofisticados para fazer cálculos desde os ativos até os riscos, como é o caso do uso de "valor em risco" (VaR) que utiliza metodologia de estresse de portfólio para medir e gerenciar o risco de insolvência[115].

A revolução da telecomunicação com transmissão instantânea de informações, associada aos avanços na teoria financeira, ocasionaram o ambiente de nascimento de um universo de novos instrumentos financeiros que foram creditados, o aprimoramento da descoberta de preços, liquidez de mercado e resiliência sistêmica. A evolução do mercado financeiro está intimamente relacionada ao desenvolvimento da comunicação, desde a época do telégrafo, posteriormente das transferências eletrônicas de fundos ao fax, até a utilização da *internet* nos celulares[116].

Os modelos matemáticos rebuscados, caracterizados por uma tecnicidade teórica acessível apenas aos economistas acadêmicos, a partir dos avanços tecnológicos impõem os custos de informação. A modernização da teoria financeira e da tecnologia da informação contribuiu para a complexidade dos mercados financeiros modernos, tornando possível o desenvolvimento e o uso generalizado de novos e cada vez mais sofisticados instrumentos financeiros. Tanto o desenvolvimento de modelos racionais para determinar os valores intrínsecos quanto a capacidade de atender às demandas computacionais de forma célere, apta a pro-

---

[114] MERTON, Robert. Financial Innovation and the Management and Regulation of Financial Institutions. **Nat'l Bureau of Econ. Research**. Working Paper No. 5096, 1995. Disponível em <http://www.nber.org/papers/w5096> Acesso em 01 de março de 2021.

[115] WHITE, Lawrence. Technological Change, Financial Innovation, and Financial Regulation in the U.S.: The Challenges for Public Policy 7. **Wharton Fin. Inst Ctr.** Working Paper No. 97-33, 1997. Disponível em <http://papers.ssrn.com/sol3/papers.cfm?abstract-id8072> Acesso em 01 de março de 2021.

[116] GARBADE, Kenneth; SILBER, William. **Technology, Communication, and the Performance of Financial Markets**, 33 J. FIN. 819, 1978. Disponível em < https://onlinelibrary.wiley.com/doi/abs/10.1111/j.1540-6261.1978.tb02023.x> Acesso em 21 de junho de 2021.

mover o lucro, passam a ser as ferramentas necessárias para o mercado financeiro[117].

A tendência de globalização e integração dos mercados e instituições financeiras deve ser considerada como a parte de conectividade que torna a tecnologia ainda mais complexa. As instituições financeiras estão conectadas umas às outras por meio de seus arranjos de contraparte[118], enquanto seus balanços conectam-se aos mercados e, consequentemente, aos métodos contábeis de marcação a mercado (prática de contabilização do valor de um ativo com base em seu preço de mercado atual/valor "justo"). Essa rede gera efeitos de *feedback* sistêmico entre os valores dos ativos, a alavancagem e a liquidez[119].

As interconexões moldam os mercados financeiros e, de forma mais acelerada com a tecnologia que impõe altos custos de informação para promover a aquisição, análise e monitoramento contínuo de mercados e instituições[120]. Assim, a rapidez e a dificuldade técnica, tornam o processo de identificação e aprendizado restringido pela racionalidade limitada.

---

[117] Observa-se que "há um acordo quase universal de que, mesmo com a divulgação ótima na documentação subjacente, as características desses instrumentos não foram totalmente compreendidas por muitos participantes do mercado" (COUNTERPARTY RISK MGMT. **Policy group, containing systemic risk**: the road to reform, 53, 2008. Disponível em <http://www.crmpolicygroup.org/docs/CRMPGIII.pdf> Acesso em 15 de junho de 2021).

[118] CABALLERO, Ricardo; SIMSEK, Alp. Complexity and Financial Panics. **Nat'l Bureau of Econ. Research.** Working Paper No. 14997, 2009. Disponível em <http://papers.ssrn.com/sol3/papers.cfm?abstract id= 1414382> Acesso em 09 de julho de 2021.

[119] Tem-se que, em um nível macro ainda mais alto, "os padrões de poupança das famílias na China estão ligados aos valores globais dos ativos via a demanda resultante por títulos do governo (principalmente dos EUA), a consequente redução nos rendimentos desses títulos e a incorporação destes rendimentos mais baixos como um *proxy* para a taxa real livre de risco nas taxas de desconto utilizadas em modelos de precificação de ativos", e, consequentemente, isso tem um efeito duplo em termos de estímulo à demanda, quais sejam: "(1) rendimentos mais baixos dos títulos do governo dos EUA reduzem as taxas de juros reais (tornando mais barato empregar alavancagem para comprar ativos) e (2) a incorporação de rendimentos mais baixos nas taxas de desconto reduz os prêmios de risco (tornando os próprios ativos mais baratos)" (FINANCIAL SERVICES AUTHORITY. **The Turner Review**: a regulatory response 1º the global banking crisis, 2009. Disponível em <http://www.fsa.gov.uk/pubs/other/turner review.pdf> Acesso em 01 de julho de 2021).

[120] AVGOULEAS, Emilios. **What Future for Disclosure as a Regulatory Technique?** Lessons from the Global Financial Crisis and Beyond. Working Paper, 2009. Disponível em

Neste ponto cabe uma explicação sobre a aplicação dos pressupostos da escolha racional, cuja teoria de racionalidade estratégica visa ao comportamento maximizador, conforme as preferências dos agentes, resultando em alto grau de previsibilidade. O comportamento do ser racional consegue tomar decisão em uma gama de alternativas, de modo que classifica as alternativas, ainda que seu *ranking* de preferência seja transitivo, escolhe o primeiro lugar dele e sempre toma a mesma decisão quando existem alternativas semelhantes[121].

Nesse sentido, "a longo prazo, esperamos naturalmente que um homem racional tenha um desempenho melhor do que um homem irracional, porque os fatos aleatórios se neutralizam e a eficiência triunfa sobre a ineficiência"[122], ou seja, o comportamento do indivíduo representa resposta ao seu meio e os reflexos dele provenientes. Assim, diante desse contexto, George Tsebelis aborda dois tipos de exigências para a racionalidade: (i) as exigências fracas de racionalidade, que asseguram coerência interna de preferências, e (ii) as exigências fortes de racionalidade, que trazem exigências de validação externa[123]. Muitas dessas conexões são compreendidas (ou sua importância totalmente compreendida) no ponto em que eles se tornam canais para a transmissão de choques financeiros.

Ocorre que a tecnologia tem sido incapaz de acompanhar o ritmo que ela mesma impõe ao mercado financeiro, o que gera lugar ao segundo ponto que deve ser levado em consideração na regulação: a distorção informacional dos muitos instrumentos financeiros, mercados e instituições, a qual pode ser dividida em duas classificações: (i) a indisponibilidade de informações de um segmento específico[124] e (ii) a informação

---

<http://papers.ssrn.com/sol3/papers.cfm?abstract-id 1369004> Acesso em 01 de julho de 2021.

[121] OLSON, Mancur. **A lógica da ação coletiva**: os benefícios públicos e uma teoria dos grupos sociais. São Paulo: Edusp. p. 28.

[122] OLSON, p. 28.

[123] TSEBELIS, George. **Jogos Ocultos**: Escolha Racional no Campo da Política Comparada. São Paulo: Edusp, 1998. p. 36.

[124] A título de exemplificação, tem-se a falta de transparência com relação aos investidores, participações e estratégias de negociação dos fundos de hedge, que já foram, na década de 1990, o maior e menos regulamentado setor no mercado financeiro (SLATER, Robert.

embaraçada[125], de modo que ambas geram assimetrias informacionais agudas e ocasionam, conforme Robert Bartlett, a reconstituição e redistribuição do risco dentro do sistema financeiro de forma obscura com relação à localização, natureza e extensão das exposições finais[126].

A título ilustrativo, cita-se o exemplo da empresa Ambac Financial, conforme explica Bartlett, seguradora de capital aberto que, antes da crise global, atuava no negócio de seguro CDO (tipo de títulos garantidos por ativos criado para manter ativos de renda fixa) multissetoriais que, em virtude das regras contábeis de obrigação de divulgação das suas exposições e dos requisitos regulatórios europeus que obrigam a divulgação de grandes volumes de documentação legal e financeira, teve sua saúde financeira prejudicada. Em 2008, a empresa teve rebaixamento de créditos e retornos anormais, em virtude da densidade do emaranhado de informações que superou os poderosos incentivos possuídos pelo mercado participante para buscar e explorar tais ineficiências de informação[127].

Essa distorção informacional é reforçada pelo terceiro ponto da fragmentação regulatória, que ocorre em virtude dos diversos interesses eco-

---

George Soros. Tradução Maria Cláudia Santos. São Paulo: Makron Books, 1999. P. 215). Assim, os bancos tradicionais manifestam essa falha na medida em que o mercado não possui as informações específicas do mutuário ou do ativo necessárias para determinar com precisão o valor das carteiras de empréstimos, bem como o valor da empresa dos próprios credores (BARTLETT, Robert. **Making Banks Transparent**, 65 VAND. L. REv. 293, 2012. Disponível em <https://papers.ssrn.com/sol3/papers.cfm?abstract_id=1884437> Acesso em 05 de julho de 2021).

[125] Nesse caso, diferentemente do anterior, a informação encontra-se disponível publicamente em um sentido estritamente técnico, de modo que os custos para adquirir, filtrar, manipular ou analisá-las são altos (FINANCIAL SERVICES AUTHORITY. **The Turner Review**: a regulatory response 1º the global banking crisis, 2009. Disponível em <http://www.fsa.gov.uk/pubs/other/turner review.pdf> Acesso em 01 de julho de 2021).

[126] BUFFET, Warren. **Letter to Shareholders of Berkshire Hathaway**, May 2, 2009. Disponível em <http://www.berkshirehathaway.com/letters/ 20081tr.pdf> Acesso em 01 de abril de 2020.

[127] BARTLETT, Robert. **Making Banks Transparent**, 65 VAND. L. REv. 293, 2012. Disponível em <https://papers.ssrn.com/sol3/papers.cfm?abstract_id=1884437> Acesso em 05 de julho de 2021.

nômicos, já que as transações no mercado financeiro envolvem uma rede complexa de agentes, o que aumenta os custos de informação e coordenação para as contrapartes e dilui os incentivos para coordenar suas atividades ou investir na aquisição de informações[128].

Nesse sentido, os modelos regulatórios, conforme observado no capítulo anterior, advém de soluções muitas vezes formuladas com uma rapidez que não permite o pleno desenvolvimento adequado da regulação. O emaranhado legislativo é confuso e desordenado, demonstrando complexidade estrutural, o que decorre, por um lado, da desconexão entre a estrutura – cada vez mais globalizada e integrada – de mercados e instituições financeiras e, por outro, da fragmentação dos interesses econômicos distintos dos agentes[129].

A fragmentação regulatória gera um ambiente propício às arbitrariedades regulatórias, o que traz à tona o quarto elemento do processo: a reflexividade, que expõe a análise do participante final, pois são os agentes que incorrem em custos de informação e são inevitavelmente limitados cognitivamente. As teorias econômicas de comportamento[130] demons-

---

[128] JUDGE, Kate. Fragmentation Nodes: A Study in Financial Innovation, Complexity and Systemic Risk, **Stanford L. REv.** 101, 104-105, 2011. Disponível em <https://core.ac.uk/download/pdf/230170677.pdf> Acesso em 09 de julho de 2021.

[129] Nos EUA, por exemplo, "a responsabilidade federal pela regulamentação financeira está atualmente dividida entre uma cacofonia de reguladores, incluindo o Federal Reserve Board, Financial Stability Oversight Council (FSOC), Securities e Exchange Commission (SEC), Commodity Futures Trading Commission (CFTC), Federal Deposit Insurance Corporation (FDIC), Financial Industry Regulatory Authority (FINRA), Currency Controller Office (OCC), Federal Housing Financing Agency (FHFA) e Consumer Financial Protection Bureau (CFPB). Um grau semelhante de fragmentação regulatória pode ser observado dentro da UE, onde o novo European Systemic Risk Board, European Banking Authority, European Securities and Market Authority e European Authority of Institutional and Occupational Pensions devem coordenar suas atividades entre si e com os supervisores nacionais em cada um dos 27 estados membros do bloco" (FERRAN, Eilis. Understanding the New Institutional Architecture of E.U. Financial Market Supervision. **Cambridge Univ. Legal Studies.** Research Paper nº. 29/2011, 2010. Disponível em <http://papers.ssrn.com/sol3/papers.cfm?abstract-id= 1701147> Acesso em 01 de março de 2021).

[130] A economia comportamental ganhou notoriedade a partir da década de 70 do século passado, principalmente por contestar um dos mais preciosos fundamentos do *mainstream* acadêmico: a racionalidade do *homus economicus* (...) Para os comportamentalistas, há muito mais que dados objetivos a influir entre as preferências declaradas e as escolhas

SANDBOX REGULATÓRIO

tram a preocupação dos economistas com o fator humano que interfere diretamente no mercado financeiro, de modo que os reguladores introduzem regras destinadas a restringir o comportamento dos participantes do mercado, denominada por Edward Kane como dialética regulatória[131]. Tal prática acaba por incentivar os participantes a se desviarem das restrições e exige, consequentemente, uma intervenção regulatória posterior, em um *loop* de *feedback*, como defende George Soros:

> Em situações em que há participantes pensantes, há uma via dupla de interação entre o pensamento dos participantes e a situação da qual participam. Por um lado, os participantes procuram compreender a realidade; por outro, buscam realizar um desejado resultado. As duas funções funcionam em direções opostas: na realidade da função cognitiva é o dado; na função participante, a compreensão dos participantes é a constante. Os dois podem interferir uns com os outros, tornando o que deveria ser dado, contingente... A reflexividade torna a compreensão dos participantes imperfeita[132].

A reflexividade é importante, portanto, para qualquer tentativa sistemática de compreender os impulsionadores da complexidade nos mer-

---

efetivamente realizadas; e nisso, a identificação dos desvios cognitivos e dos equívocos decorrentes de processos mentais obscuros pode explicar, com mais precisão, as razões pelas quais os agentes econômicos não se comportam como previsto pelos modelos matemáticos" (VICTOR HUGO DOMINGUES. Vieses e Heurísticas. In: **Análise Econômica do Direito: justiça e desenvolvimento**. Org: RIBEIRO, Marcia Carla Pereira; DOMINGUES, Victor Hugo; KLEIN, Vinicius. 1. Ed. Curitiba: CRV, 2016. p. 47-49)

[131] KANE, Edward. Technology and the Regulation of Financial Markets. In **Technology and lhe regulation or financial markets: securirs, futures and banking.** 187-93, 1986. Disponível em <https://www.nber.org/system/files/chapters/c8106/c8106.pdf> Acesso em 01 de março de 2021.

[132] Tradução livre de: "In situations that have thinking participants, there is a two-way interaction between the participants' thinking and the situation in which they participate. On the one hand, participants seek to understand reality; on the other, they seek to bring about a desired outcome. The two functions work in opposite directions: in the cognitive function reality is the given; in the participating function, the participants' understanding is the constant. The two can interfere with each other by rendering what is supposed to be given, contingent... Reflexivity renders the participants' understanding imperfect" (SOROS, George. **The Alchemy of Finance**: The New Paradigm, 2003).

cados financeiros modernos, já que desvenda o elemento exclusivamente humano.

Todos esses fatores juntos, tecnologia conectiva, distorção informacional, fragmentação regulatória e reflexividade, geram custos de informação, colidem com a racionalidade limitada e precisam ser considerados junto com a complexidade, para a produção regulatória adequada.

3.3. A teoria da inovação financeira e a regulação

Além da complexidade e dos elementos que devem ser considerados no mercado financeiro, para pensar em uma regulação adequada, é preciso analisar a natureza única da inovação financeira e a sua relação entre a própria complexidade e a inovação.

Inovação, em um primeiro momento científico, pode trazer à mente uma série de produtos e processos que ocasionam mudanças sociais relevantes. Essa lógica faz parte da metodologia econômica neoclássica, já que se apresenta na vertente descritiva e prescritiva, de modo que aponta os tópicos e busca a adoção de atitudes para o progresso[133]. Conforme indica John Stuart Mill, tal metodologia considera a economia uma ciência mental, preocupada com as condutas humanas na vida econômica e os seus processos indutivos[134]. Contribui Milton Friedman com o conceito de ciência ao abandonar o realismo empírico da teoria para considerar suas previsões fáticas:

> Tal teoria não pode ser testada comparando suas "suposições" diretamente com a "realidade". De fato, não há maneira significativa em que isso possa ser feito. O "realismo" completo é claramente inatingível, e a questão de se uma teoria é realista "suficiente" pode ser resolvida apenas para ver se ela produz previsões que são boas o suficiente para o propósito em questão ou que são melhores do que as previsões teorias alternativas[135].

---

[133] BLAUG, M. The Methodology of Economics – or how economists explain. 2. ed. Cambridge: **Cambridge University Press**, 1994. p. XII.

[134] BLAUG, M. The Methodology of Economics – or how economists explain. 2. ed. Cambridge: **Cambridge University Press**, 1994. p. 59.

[135] Tradução livre: "Such a theory cannot be tested by comparing its "assumptions" directly with "reality". Indeed, there is no meaningful way in which this can be done. Complete

SANDBOX REGULATÓRIO

Porém, os economistas empregam o termo de forma mais expansiva, de modo a descrever choques imprevistos na economia que promovem melhorias imprevisíveis[136]. Esse conceito pode ser extraído da denominada destruição criativa de Joseph Schumpeter, o qual defende que "o impulso fundamental que define e mantém a máquina capitalista em movimento vem dos novos consumidores, bens, os novos métodos de produção ou transporte, os novos mercados, as novos formas de organização industrial que a empresa capitalista cria"[137], pois:

A abertura de novos mercados, estrangeiros e domésticos, e o desenvolvimento organizacional da loja de artesanato e fábrica para tais preocupações como U.S. Steel ilustram o mesmo processo de mutação industrial – se posso usar o termo biológico – que incessantemente revoluciona a estrutura econômica por dentro, destruindo incessantemente a antiga, criando incessantemente uma nova. Este processo da Destruição Criativa é o fato essencial sobre o capitalismo[138].

"realism" is clearly unattainable, and the question whether a theory is realistic "enough" can be settled only be seeing whether it yields predictions that are good enough for the purpose in hand or that are better than predictions that are good enough for the purpose in hand or that are better then predictions from alternative theories" (FRIEDMAN, M. The methodology of positive economics. In: HAUSMAN, D.M. (Ed.), **The philosophy of economics**: an anthology. Cambridge: Cambridge University Press. 1984. p. 237).

[136] MILLER, Merton, Financial Innovation: The Last 20 Years and the Next, 21 J. **Fin. & Quantitative Analysis,** 1986. Disponível em < https://www.cambridge.org/core/journals/journal-of-financial-and-quantitative-analysis/article/abs/financial-innovation-the-last-twenty-years-and-the-next/56F7294BDF886F838466341AD8901374> Acesso em 01 de março de 2021.

[137] SCHUMPETER, Joseph A. **Capitalismo, Socialismo e Democracia**. Trad. Ruy Jungmann. Rio de Janeiro: Editora Fundo de Cultura, 1961. p. 119. Disponível em <http://www.ie.ufrj.br/intranet/ie/userintranet/hpp/arquivos/100820171042_SchumpeterCapitalismoSocialismoeDemocracia.pdf> Acesso em 05 de julho de 2020.

[138] Tradução de: "The opening up of new markets, foreign and domestic, and the organizational development from the craft shop and factory to such concerns as U.S. Steel illustrate the same process of industrial mutation-if I may use the biological term-that incessantly revolutionizes the economic structure from within, incessantly destroying the old one, incessantly creating a new one. This process of Creative Destruction is the essential fact about capitalism (Ibid., p. 83).

Considerando a tentativa de "explicar e prever o comportamento dos grupos que participam do sistema jurídico, além de explicar a estrutura doutrinal, procedimental e institucional do sistema"[139], Schumpeter especificou a necessidade da análise do comportamento individual para compreender as inovações financeiras, mediante "um entendimento mais cauteloso e menos carregado de valores de inovação financeira como um processo contínuo de experimentação por meio do qual novas instituições, instrumentos, técnicas e mercados são criados"[140].

Parte-se, então, da premissa de que a inovação financeira não é apenas um processo de mudança evidente, como também não necessariamente aponta apenas melhorias, tendo em vista que o aspecto humano deve ser levado em consideração e seu consequente viés da posicionalidade[141]. Nesse sentido, pode ser analisada sob duas óticas: (i) a da demanda, na qual a inovação financeira é demanda decorrente das falhas de mercado; e (ii) a da oferta, na qual a inovação financeira ocorre pelo movimento dos agentes mercadológicos.

A primeira visão prevê a inovação financeira como uma resposta racional do lado da demanda às imperfeições do mercado[142], sendo que muitas delas são os próprios produtos exógenos de mudanças no ambiente econômico[143], desde regulamentações e impostos, mercados incompletos[144]

---

[139] POSNER, Richard. **Fronteiras da Teoria do Direito.** Tradução de Evandro Ferreira e Silva, Jefferson Luiz Camargo, Paulo Salles e Pedro Sette-Câmara. São Paulo: WMF Martins Fontes, 2011. p. 8.

[140] TUFANO, Peter Tufano. Financial Innovation. In **Handbook of the Economics of Finance.** 321-22. George Constantinides, Milton Harris & Rene Stultz eds., 2003. Disponível em <https://econpapers.repec.org/bookchap/eeefinhes/1.htm> Acesso em 03 de junho de 2021.

[141] Conforme a nota de rodapé nº 6.

[142] GENNAIOLI, Nicola; SHLEIFER, Andrei; VISHNY, Robert. Financial Innovation and Financial Fragility. **Fondazione Eni ENRICO MATTEI,** 2010. Disponível em <http://www.feem.it/userfiles/attach12010921l528484NDL2010-114.pdf> Acesso em 10 de junho de 2021.

[143] MISHKIN, Frederic. Financial Innovation and Current Trends in U.S. Financial Markets. **Nat'l Bureau of Econ. Research,** Working Paper No. 3323, 1990. Disponível em <http://www.nber.org/papers/w3323> Acesso em 3 de junho de 2021.

[144] DUFFIE, Darrell; RAHI, Rohit. Financial Market Innovation and Security Design: An Introduction, 65 J. **EcON. THEORY,** 1985. Disponível em < https://www.darrellduffie.

e custos de transação, assimetria informacional e custos de agência. Essas ineficiências restringem a capacidade dos participantes de maximizar suas funções de utilidade e geram demanda por inovações financeiras que prometem maior leque de escolha, custos baixos, melhor liquidez e gerenciamento de risco mais eficaz[145]. Sob essa visão, as restrições regulatórias dos EUA, por exemplo, teriam estimulado a demanda por novos produtos domiciliados em jurisdições com eficiência fiscal, como as Ilhas Cayman[146].

A segunda visão, por sua vez, entende que a dinâmica do lado da oferta da inovação financeira possui como fornecedores os próprios agentes envolvidos nas relações, como bancos comerciais e de investimento, corretores de valores mobiliários, fundos de investimento e companhias de seguros, por exemplo. E, inseridos em um ambiente altamente competitivo, poder-se-ia pensar que seu objetivo de lucro estaria prejudicado na medida em que outros agentes se apropriassem de suas produções, justificativa tradicional para a própria propriedade intelectual – ainda que não se estenda a todas as inovações financeiras[147].

com/uploads/surveys/DuffieRahiFinancialMarketInnovationSecurityDesign1995.pdf> Acesso em 21 de setembro de 2020.

[145] MERTON, Robert. Financial Innovation and the Management and Regulation of Financial Institutions. **Nat'l Bureau of Econ. Research**. Working Paper No. 5096, 1995. Disponível em <http://www.nber.org/papers/w5096> Acesso em 01 de março de 2021.

[146] TURNER, Adair. Financial Services Authority. **Speech at The Economist's Inaugural City Lecture**: The Financial Crisis and the Future of Financial Regulation, Jan. 21, 2009. Disponível em <http://www.fsa.gov.uk/library/communication/speeches/2009/0121 at.shtml> Acesso em 20 de junho de 2021.

[147] Cabe ressaltar que "uma das funções dos lucros é guiar e canalizar os fatores de produção, de modo a serem distribuídos seus milhares de artigos diferentes, de conformidade com a procura. Nenhum burocrata, por mais brilhante que seja, poderá, arbitrariamente, solucionar esse problema. A liberdade de preços e de lucros elevará a produção ao máximo e aliviará as faltas, mais depressa que qualquer outro sistema. Preços tabelados e lucros limitados arbitrariamente só poderão prolongar o déficit e reduzir a produção e o número de empregos (...). Em suma, os lucros, que resultam da relação entre o custo e os preços, não só nos dizem qual a mercadoria mais econômica para se produzir, mas também quais os meios mais econômicos para produzi-la" (HAZLITT, Henry. **Economia numa única lição**. 4. Ed. São Paulo: Instituto Ludwig von Mises Brasil, 2010. P. 161-162).

A compreensão dos incentivos passa, preponderantemente, por três pontos: (i) a real demanda do mercado, (ii) incentivos próprios (como a mitigação de requisitos regulatórios) e (iii) incentivos de oferta no que diz respeito à projeção e implementação de estratégias para recriar as condições monopolísticas e, assim, extrair rendas de forma contínua.

Com relação ao terceiro ponto, é importante destacar as estratégias. A primeira diz respeito à aceleração artificial do ritmo de inovação para alcançar a diferenciação do produto, mas não necessariamente para suprir demandas naturais do mercado, e sim para inovar dentro das próprias gerações passadas do produto/serviço, de modo que o seu efeito prático é permitir a maior extração de rendas, o que poderia ser considerado um movimento de inovação socialmente inútil[148].

A segunda estratégia, por sua vez, é aproveitar a tecnologia para desenvolver e mover uma proporção cada vez maior de suas atividades de negócios para instituições, instrumentos e mercados novos, o que pode gerar inclusive um *lobby*[149] contra as reformas regulatórias, que

---

[148] INMAN, Phillip. Financial Services Authority Chairman Backs Taxon "Socially Useless" Banks, **Guardian**. Aug. 27, 2009. Disponível em <http://www.guardian.co.uk/business/2009/aug/27/fsa-bonus-city-banks-tax> Acesso em 20 de junho de 2021.

[149] Nesse ponto é importante esclarecer que a palavra lobby, geralmente, é associada à ilicitude pela confusão realizada do instituto com o próprio tráfico de influência ou corrupção. Entretanto, é a "ação política em favor de grupos ou corporações específicas, ou seja, estão em pauta interesses privados, geralmente de ordem financeira, os quais tendem mesmo a causar a indignação de vastos segmentos sociais" (RODRIGUES, Almira. **Advocacy**: uma ação política de novo tipo. 1999. Disponível em <http://www.cfemea.org.br/temasedados/detalhes.asp?IDTemasDados=32>. Acesso em 4 jan 2018. p. 02), ou seja, atividade lícita que decorre do próprio Estado Democrático de Direito, cujo desvio implica na criminalização. Em virtude da amplitude do seu conceito, pode ser considerado, sob uma outra ótica mais próxima com o que pretende demonstrar o (...) processo pelo qual os grupos de pressão buscam participar do processo estatal de tomada de decisões, contribuindo para a elaboração de políticas públicas de cada país e que envolve diversas atividades, como a coleta de informações; propostas políticas; estratégias para dar base às demandas; confecção de pesquisas; procura por aliados e a presença organizada pelo país (SANTANO, Ana Cláudia; MIRANDA NETTO, Fernando Gama de; BLANCHET, Luiz Alberto. O tabu da relação do lobby e políticas públicas no Brasil. **Revista de Direito Econômico e Socioambiental**, Curitiba, v. 7, n. 2, p. 49-72, jul./dez. 2016. P. 53). E, ainda, Raj Chari, John Hogan e Gary Murphy (CHARI, Raj; HOGAN, John; MURPHY, Gary. Regulating lobbying: a global comparison. England: **Manchester University Press**, 2010) defendem

SANDBOX REGULATÓRIO

buscam atingir, entre outros objetivos, um nivelamento informacional[150]. Essa estratégia de intermediários financeiros acaba por colaborar com o desenvolvimento de novos instrumentos financeiros, mercados e instituições, já que, por meio da busca para maximizar e explorar a vantagem informativa comparativa, conduz-se para além da fronteira da complexidade – empecilho com o qual os agentes nem sempre possuem tolerância no processo de aprendizado.

Isso não significa que a segunda visão de inovação financeira – aquela que passa pelo lado da oferta na qual os fornecedores são os próprios agentes envolvidos nas relações – engloba todos os incentivos ou explique todos os comportamentos em qualquer mercado e momento. Mas significa que a inovação financeira pode ser considerada como um processo de mudança influenciado pelos próprios incentivos dos inovadores que, com a sua vantagem informativa, podem atenuar a complexidade e aprimorar a compreensão da dinâmica em evolução acelerada nos mercados financeiros modernos e, consequentemente, iluminar os desafios regulatórios decorrentes da interação da complexidade e inovação.

3.4. Modelos regulatórios internacionais do mercado financeiro

Para analisar os modelos regulatórios internacionais do mercado financeiro, primeiramente é preciso fazer a distinção entre os sistemas *soft law* e *hard law*. O primeiro é um sistema que admite normas que não são dotadas de coerção, não impondo uma sanção previamente estabelecida, servindo como parâmetro aos Estados que a utilizam, como uma espécie de obrigação moral, enquanto o segundo é um sistema que admite as normas dotadas de capacidade coercitiva e sancionatória.

---

que a reflexão sobre a regulamentação do lobby possui dois lados: de concordância e discordância. A concordância engloba aqueles que entendem que existe necessidade de institucionalidade política transparente, já que sua regulamentação seria basilar para a tomada de decisões com a participação popular. Acredita-se que, assim, seria aperfeiçoado o sistema para fomentar a deliberação, como processo argumentativo, e o *accountability*, como contribuição da tomada de decisão.

[150] DENNIS, Brady; MUFSON, Steven. Bankers Lobby Against Financial Regulatory Overhaul, **Wash Post**. Mar. 19, 2010. Disponível em <http://www.washingtonpost.com/wp--dyn/ content/article/2010/03/18/AR2010031805370.html> Acesso em 09 de junho de 2021.

Dessa forma, a principal característica da *soft law* é a de não se manifestar por meio de tratados, cujas disposições são obrigatórias, mas sim por meio de resoluções e decisões dos órgãos de organizações internacionais, ou outros instrumentos por elas produzidos – não obrigatórios[151]. Assim, os reguladores setoriais do mercado financeiro internacional "têm procurado responder às crises financeiras e às instabilidades inerentes ao mercado por meio de recomendações, memorandos de entendimento, comunicados e diretrizes, que são consideradas como de *soft law*"[152].

Os reguladores, portanto, são "os organismos internacionais e comitês que congregam a maioria das agências reguladoras dos mercados de capitais e de seguros do mundo, bem como representantes dos bancos centrais e de autorreguladores, como os auditores e os representantes de bancos privados"[153]. Essas organizações produzem normas e princípios "que visam padronizar o comportamento dos administradores e gestores de recursos de terceiros, diretores e executivos de bancos, bem como mitigar o risco de crises financeiras internacionais"[154], com objetivos de transparência das operações financeiras, limitação do risco sistêmico e padronização de condutas de investidores.

Dessa forma, considerando o esforço de cooperação entre os países com relação à regulação do setor por meio da *soft law*, deve-se analisar a submissão dos reguladores domésticos a essas regras internacionais. O descumprimento não resulta em sanções formais, mas é preciso compreender os atributos regulatórios próprios do mercado financeiro inter-

---

[151] NASSER, Salem H. **Fontes e Normas do Direito Internacional**: Um Estudo sobre a Soft Law. Editora Atlas, 2006.

[152] FGV. **O Quadro Regulatório do Sistema Financeiro Internacional**. Working Paper 518 – CCGI Nº 21, 2019. P. 09. Disponível em < https://bibliotecadigital.fgv.br/dspace/bitstream/handle/10438/28567/TD%20518%20-%20CCGI_21.pdf?sequence=1&isAllowed=y> Acesso em 09 de julho de 2021.

[153] FGV. **O Quadro Regulatório do Sistema Financeiro Internacional**. Working Paper 518 – CCGI Nº 21, 2019. P. 09. Disponível em < https://bibliotecadigital.fgv.br/dspace/bitstream/handle/10438/28567/TD%20518%20-%20CCGI_21.pdf?sequence=1&isAllowed=y> Acesso em 09 de julho de 2021.

[154] FGV. **O Quadro Regulatório do Sistema Financeiro Internacional**. Working Paper 518 – CCGI Nº 21, 2019. P. 09. Disponível em < https://bibliotecadigital.fgv.br/dspace/bitstream/handle/10438/28567/TD%20518%20-%20CCGI_21.pdf?sequence=1&isAllowed=y> Acesso em 09 de julho de 2021.

nacional caso adotadas as normas: (i) boa reputação da agência reguladora junto aos seus agentes, o que influencia positivamente a criação de coalizões e alianças[155] e (ii) bom índice de juros para obtenção de recursos financeiros junto ao mercado internacional[156].

A arquitetura regulatória internacional é formada por instituições especializadas em diferentes mercados, de modo que a fragmentação regulatória, já trabalhada no tópico anterior, se faz presente apesar da integração e globalização do sistema financeiro. Assim, sem um único modelo de regulação, "ferramentas regulatórias exigem o uso de abordagens idênticas, apesar do fato de que a metodologia de aplicação pode variar significativamente"[157]. O Banco Mundial acaba por conduzir grande parte do processo regulatório e confirma a tendência rumo à consolidação da supervisão prudencial nas principais instituições locais, por meio de cada Banco Nacional[158], pois após a crise financeira global nos países, houve o movimento de concentração de funções regulatórias dos Bancos Centrais.

Apesar dessa dominância integrada de supervisão, a alta eficiência de modelos setoriais não integrados também chamou a atenção, especialmente quando analisada sob a ótica da eficiência econômica conforme a teoria de Pareto, na qual o bem-estar máximo de uma sociedade é alcançado quando não existir outro estado tal que seja possível aumentar o bem-estar de um indivíduo sem diminuir o bem-estar de outro[159]. Isto pois, analisar-se-iam os critérios usados para descrever situações em que há indivíduos inicialmente afetados pela mudança, mas o benefício

---

[155] BRUMMER, Chris. **Soft Law and the Global Financial System**. New York: Cambridge University Press, 2015.

[156] BRUMMER, Chris. **Soft Law and the Global Financial System**. New York: Cambridge University Press, 2015.

[157] PARETO, Vilfredo. **Manual of Political Economy**. A critical and variorum edition. Edited by Aldo Montesano, Alberto Zanni, Luigino Bruni, John Chipman and Michael McLure. Oxford: Oxford University Press, 2014.

[158] ISAEVA, E.A.; LESHCHENKO J.G. Evaluation of the effectiveness of modern models of regulation of financial markets. **Journal of Creative Economy**. Institute of Economics RAS, Russia, 2019. P. 2046.

[159] COOTER, R.; e ULEN, T. **Law and economics**. 2ª ed. Califórnia: Addison-Wesley, 1996. p. 41.

A COMPLEXIDADE REGULATÓRIA DA INOVAÇÃO NO MERCADO FINANCEIRO...

daqueles que foram favorecidos é tal que seria suficiente para compensar integralmente as perdas dos desfavorecidos.

Cabe ressaltar que a concepção de eficiência econômica foi consolidada após a publicação do artigo "O Problema do Custo Social", de Ronald Coase, que argumentou que a distribuição eficiente de bens e direitos, quando os custos de transação estão ausentes, levaria ao Ótimo de Pareto, porque, como dito, nenhuma das partes pode melhorar sua situação sem piorar a do outro[160].

A teoria de eficiência, portanto, tornou-se clássica na regulação do mercado financeiro. Mas, na prática, existem diversas abordagens, cujos métodos variam de acordo com a estrutura econômica, as especificidades da localidade e suas consequentes características do mercado financeiro doméstico. A teoria demonstrada por Pareto, inclusive, não resolveu necessariamente os problemas alocativos, pois apenas evitou julgar o bem-estar social quanto aos ganhos ou perdas individuais, por isso Posner passa a disseminar a eficiência potencial de Pareto na esfera judicial, para que os vencedores compensem os perdedores tanto quanto políticas públicas e decisões[161].

Considerando o G-20 e utilizando a metodologia do Banco Mundial, que leva em conta a denominada estrutura 4x2: considera os elementos profundidade, acesso, eficiência e estabilidade dos sistemas financeiros nas instituições financeiras e mercados financeiros[162], podem ser identificados os principais modelos de regulação nacional dos mercados financeiros[163]: (i) modelo institucional (China), (ii) modelo integrado (Ale-

---

[160] DUXBURY, N. **Patterns of American Jurisprudence**. Oxford: Claredon Press, 2001. p. 390.

[161] COOTER, R., e ULEN, T. **Law and economics**. 2. ed. Califórnia: Addison-Wesley, 1996. p. 41.

[162] CIHÁK, Martin; DEMIRGÜÇ-KUNT, Aslı; FEYEN, Erik; LEVINE, Ross. Benchmarking Financial Systems around the World. **Policy Research Working Paper 6175 – World Bank**. Disponível em <https://documents1.worldbank.org/curated/en/868131468326381955/pdf/wps6175.pdf> Acesso em 10 de outubro de 2021.

[163] ISAEVA, E.A.; LESHCHENKO J.G. Evaluation of the effectiveness of modern models of regulation of financial markets. **Journal of Creative Economy**. Institute of Economics RAS, Russia, 2019. p. 2049.

SANDBOX REGULATÓRIO

manha), (iii) modelo funcional (França), (iv) Twin Peaks (Austrália), (v) modelo americano.

O modelo institucional de regulação do mercado financeiro, a exemplo do que ocorre a China, desenvolve-se progressivamente, mas não a ponto de acompanhar o tamanho da indústria chinesa, considerando a sua economia planificada. A análise da dinâmica dos indicadores financeiros e econômicos demonstra:

> Um baixo nível de desenvolvimento econômico, queda da inflação e das taxas de juros com orçamento crescente déficit, uma redução na oferta de moeda em relação ao PIB, saídas de capital e um aumento no investimento direto no exterior, o crescimento da atividade dos especuladores e a volatilidade das ações índices (até 8% ao dia), uma alta taxa de poupança (35%), o enfraquecimento do nacional moeda em relação ao dólar[164].

Dessa forma, do estudo das tendências pôde ser observado que esse movimento de declínio da eficiência do mercado financeiro e consequente desenvolvimento financeiro possui base externa na depressão da economia global, no período após 2009, mas também interna em virtude do esgotamento dos recursos e de demanda interna, bem como empréstimos excessivos para indústrias não lucrativas (por exemplo, no setor público) e os problemas com os programas governamentais e suas reformas estruturais[165], como a própria subordinação dos reguladores financeiros aos comissários e ao Presidente da República Popular da China.

O desenvolvimento econômico da China e a sua integração na economia mundial, graças à reforma e à política de abertura e, particularmente,

---

[164] Tradução livre de: "A low level of economic development, falling inflation and interest rates with a growing budget deficit, a reduction in the money supply in relation to GDP, capital outflows and an increase in foreign direct investment, the growth of speculators' activity and the volatility of stock indexes (up to 8% per day), a high savings rate (35%), the weakening of the national currency against the dollar" (ISAEVA, E.A.; LESHCHENKO J.G. Evaluation of the effectiveness of modern models of regulation of financial markets. **Journal of Creative Economy**. Institute of Economics RAS, Russia, 2019. p. 2050).

[165] ISAEVA, E.A.; LESHCHENKO J.G. Evaluation of the effectiveness of modern models of regulation of financial markets. **Journal of Creative Economy**. Institute of Economics RAS, Russia, 2019. p. 2050.

ao seu desempenho no comércio e dos investimentos diretos estrangeiros atraem a atenção mundial[166] mas, desde o começo dos anos 2000, como mecanismo de proteção aos consumidores de serviços financeiros, sob a direção da Comissão Reguladora de Valores Mobiliários da China, foi estabelecido o Fundo para a Proteção de Investidores na China, em conjunto com o Ministério das Finanças e o Banco Nacional da China.

A complexidade chinesa da estrutura regulatória dos mercados financeiros, apesar de todas as transformações econômicas significativas, ainda possui como fatores a real capacidade do setor, o excesso de operações de crédito com instituições de crédito limitadas dentro do estatuto legal, o crescimento em grande escala de ativos bancários e a propensão dos participantes do mercado a operações arriscadas[167].

O regime financeiro chinês possui o Banco Popular da China e os reguladores fragmentados, cada um responsável por um determinado setor: Comissão Reguladora de Seguros, Comissão Reguladora de Valores Mobiliários, Comissão Reguladora Bancária. Isso favorece a incidência das falhas regulatórias, já que as mudanças regulatórias no mercado não são percebidas pelos agentes operantes, em virtude da própria fragmentação e consequente disseminação normativa, além dos demais problemas como aplicação de regras por reguladores ilegítimos, assimetria informacional quanto aos resultados idênticos de organizações distintas, discricionariedade regulatória, distância evolutiva das inovações mercadológicas, ausência de alerta de risco sistêmico[168].

Em virtude da ausência de uniformidade dos intermediários financeiros, ainda que sob a supervisão dos agentes reguladores, implica desconfiança e a consequente ineficiência do modelo. Pode ser extraído da análise da dinâmica dos indicadores financeiros e econômicos dos mercados financeiros na China que houve intensificação de um baixo nível

---

[166] DAN, Wei. **Globalização e interesses nacionais**: a perspectiva da China. Coimbra: Almedina, 2006. p. 225.

[167] ISAEVA, E.A.; LESHCHENKO J.G. Evaluation of the effectiveness of modern models of regulation of financial markets. **Journal of Creative Economy**. Institute of Economics RAS, Russia, 2019. p. 2050.

[168] ISAEVA, E.A.; LESHCHENKO J.G. Evaluation of the effectiveness of modern models of regulation of financial markets. **Journal of Creative Economy**. Institute of Economics RAS, Russia, 2019. p. 2050.

SANDBOX REGULATÓRIO

de desenvolvimento econômico, consequências da redução da inflação e das taxas de juros com o déficit de orçamento crescente e da redução na oferta de moeda em relação ao Produto Interno Bruto com as saídas de capital e o aumento do investimento no exterior. Essa situação gerou o crescimento da atividade dos especuladores e a volatilidade das ações índices (até 8% ao dia), uma alta taxa de poupança (35%), o enfraquecimento da moeda nacional em relação ao dólar, evidenciando o ritmo de desenvolvimento da economia chinesa e seu caráter interno com uma base externa, conforme pode se extrair da planilha abaixo[169]:

Chinas financial and economic indicators

Indicators	2018	2017	2016	2015	2014
GDP, trillion Doll.	14.09	12.01	11.01	10.482	9.240
Money supply (M1), trillion Doll.	10.09	9.08	7.260	6.570	5.570
Foreign exchange reserves, Trillion Doll.	5.09	4.03	3.01	3.801	3.843
Trade balance, billion dollars	60.09	58.09	40.1	56.0	60.0
Stock index (index point)	5698	5176	3266	3539	3281
Key rate,%	7.89	7.76	4.35	4.85	5.35
Unemployment rate,%	4.0	4.0	4.02	4.04	4.1
Inflation%	2.0	2.09	2.11	2.75	2.06
Budget deficit	-1.0	-1.11	-1.13	-1.06	-2.1
State debt / GDP,%	-	-	-	42.9	39.8

Source: compiled by authors based on The People Bank of China [16] (*The People Bank of China, 2019*)

Não há como garantir a estabilidade por meio da proteção dos investidores pelo simples motivo de que o mercado é volátil e os agentes correm riscos, devendo se realocar em conformidade com as possibilidades. Esse sistema não estimula a atividade empresarial pois não oferece segurança e boa gestão de riscos. Considerando a profundidade financeira, que analisa as proporções das dívidas, a disponibilidade de recursos financeiros, a eficiência financeira e econômica e a estabilidade financeira, tanto das

---

[169] ISAEVA, E.A.; LESHCHENKO J.G. Evaluation of the effectiveness of modern models of regulation of financial markets. **Journal of Creative Economy**. Institute of Economics RAS, Russia, 2019. p. 2050.

organizações financeiras e de créditos quanto do mercado financeiro chinês, os indicadores apontam a ausência de uniformidade dos serviços prestados pelos intermediários financeiros sob supervisão de vários reguladores.

Cabe ressaltar que uma lacuna importante no modelo institucional é a discrepância entre as metas e objetivos dos reguladores – garantir a estabilidade (supervisão prudencial), proteger os investidores (controlar a disciplina de mercado), conforme pode-se observar[170]:

Performance indicators of the functioning and regulation of Chinas financial markets (for 2018 Year)

	Financial and credit organizations	Financial markets
Financial depth	The ratio of private sector debt and GDP is 111.1%	The total amount of capitalization of listed companies and outstanding private sector debt to GDP is 109.9%
Availability of financial resources	Number of deposits in commercial banks (per 1000 residents / firms) (data not available)	The share of the 10 largest issuers in the total capitalization – 71.6%
Financial and economic efficiency	Net interest margin (difference / spread% of rates of attraction and placement) – 2.85%	Stock market turnover ratio (total turnover / capitalization) – 187.8%
Financial stability	Tendency to default by commercial banks – 3.48%	Volatility of the index of prices on government bonds shares – 41.3%

Source: compiled by authors based on The People Bank of China [16] *(The People Bank of China, 2019)*

Para entender mais o modelo e a centralização chinesa, analisa-se o que é constatado como falha do sistema: a supervisão financeira, como defende Cai E-Sheng, ex-vice-presidente da Comissão Reguladora de Bancos da China. Ele cita que, além de fatores externos, como a intervenção de agências governamentais e a imperfeição do quadro legal, existem áreas problemáticas na supervisão financeira.

O primeiro reside no fato de que as instituições financeiras estão passando por transição de uma economia planejada para uma economia de mercado, e com a reforma e abertura, portanto, seu comportamento

---

[170] ISAEVA, E.A.; LESHCHENKO J.G. Evaluation of the effectiveness of modern models of regulation of financial markets. **Journal of Creative Economy**. Institute of Economics RAS, Russia, 2019. p. 2052.

SANDBOX REGULATÓRIO

precisa ser melhorado adequadamente. O segundo diz respeito à capacidade de supervisão do Banco Popular da China, que teve que passar por reformas e uma grande mudança que difere da estrutura existente do sistema político chinês. O terceiro aborda a problemática, segundo E-Sheng, sobre a divulgação de informações, visto que deve ser fornecido ao público e aos investidores apenas as informações necessárias para que possam avaliar o risco de uma instituição financeira. O quarto, por fim, diz respeito à saída do mercado de instituições financeiras[171].

Com um modelo pautado na centralização, as principais tendências no mercado financeiro da China são a inclinação à depressão da economia global após o ano de 2011 e seus consequentes desequilíbrios do sistema financeiro global mercado, o esgotamento dos recursos do modelo econômico e da demanda interna, os empréstimos excessivos para indústrias não lucrativas e a baixa eficiência do programa estadual junto à fraqueza fiscal em um ambiente de alta concentração de riscos em bancos orientados para o Estado[172].

O modelo integrado de regulação do mercado financeiro, a exemplo do adotado na Alemanha, é regido pelo princípio fundamental de implementação cumulativa de supervisão prudencial e controle sobre a cultura dentro de um único órgão regulador. A integração dos reguladores do mercado financeiro "reduz os riscos de comunicações interdepartamentais, duplicação de funções, simplificado o processo de coordenação entre unidades estruturais dentro do mega-regulador"[173], denominado *Bundesbank*.

---

[171] E-SHENG, Cai. **Financial supervision in China**: framework, methods and current issues. Disponível em <https://www.bis.org/publ/plcy07k.pdf> Acesso em 05 de outubro de 2021.

[172] ISAEVA, E.A.; LESHCHENKO J.G. Evaluation of the effectiveness of modern models of regulation of financial markets. **Journal of Creative Economy**. Institute of Economics RAS, Russia, 2019. p. 2053.

[173] Tradução livre de: "reduces the risks of interdepartmental communications, duplication of functions, streamlines the coordination process between structural units within the mega-regulator" (ISAEVA, E.A.; LESHCHENKO J.G. Evaluation of the effectiveness of modern models of regulation of financial markets. **Journal of Creative Economy**. Institute of Economics RAS, Russia, 2019. p. 2053).

Assim, os indicadores demonstram a redução do desemprego e da dívida pública, a balança comercial positiva, o fortalecimento do índice de ações e a entrada de capital, junto aos melhores índices de inflação e aumento da oferta monetária:

Financial and economic indicators of Germany

Indicators	2018	2017	2016	2015	2014
GDP, trillion doll.	4.211	3.684	3.467	3.363	3.879
Money supply (M1), trillion Doll.	2.116	1.953	1.912	1.766	1.586
Foreign exchange reserves, Trillion. Doll.	0.166	0.177	0.171	0.16	0.177
Trade balance, billion dollars	23.70	22.017	18.58	18.36	19.01
Stock index (index point)	13319.64	11599	11481	10743	9990
Key rate,%	0.0	0.0	0.0	0.05	0.05
Unemployment rate,%	3.4	3.8	3.9	4.4	4.7
Inflation,%	1.72	1.65	1.7	0.3	0.19
Budget deficit	-	-	-	-	0.1
State debt / GDP,%	59.8	63.9	68.3	71.2	76.9

Source: compiled by authors based on Deutsche Bundesbank [3] *(Deutsche Bundesbank, 2019)*

Os poderes do regulador supremo residem na implementação da supervisão bancária prudencial, por meio da regulação de auditores e coordenação/prevenção de crises, bem como da fiscalização das bolsas regionais – juntamente aos governos estaduais. O modelo apresenta alto nível de proteção de depósitos e associações que promovem os interesses dos clientes em questões de política financeira, sendo que a aplicação da lei é realizada pelo Ministério da Fazenda (que possui função de controle das medidas administrativas)[174].

Assim, esse modelo trabalha com a concentração de objetivos e fiscalizações (o que impede também as contradições interdepartamentais), melhor qualidade informacional e consequente controle sobre a organização e falhas. Porém, os perigos residem justamente na centralização em um único ente regulador, que pode estar enfraquecido e, consequentemente, colaborando para a falta de competição.

O modelo funcional de regulação do mercado financeiro, a exemplo da experiência da França, trabalha com regulações específicas a cada

---

[174] ISAEVA, E.A.; LESHCHENKO J.G. Evaluation of the effectiveness of modern models of regulation of financial markets. **Journal of Creative Economy**. Institute of Economics RAS, Russia, 2019. p. 2053.

transação financeira, a depender das atividades. Segundo o *Bank for International Settlements*, "os resultados da análise do funcionamento dos setores do mercado financeiro francês mostraram um maior nível de desenvolvimento do setor de serviços financeiros em comparação com outros países da União Europeia"[175], movimento valorizado pela concentração da participação dos bancos no mercado.

A Comissão de Mercados Financeiros – financiada por contribuições de organizações reguladas que serve para garantir os direitos dos investidores e o poder de ação disciplinar por meio do Comitê de Sanções, bem como o Serviço de Controle Prudencial da França visam a aumentar a eficiência do modelo, além de melhorar a gestão de risco das instituições e cumprir com as recomendações do *Committee on the Global Banking System* e do *Basel Committee on Banking Supervision*[176].

Apesar de o sistema francês conseguir controlar diversos tipos de atividade, independente da organização supervisionada e promover o controle de discricionariedade dentro da estrutura da abordagem funcional (devido ao alto potencial de profissionalismo da equipe de reguladores que monitoram os riscos financeiros por tipo de operação) a complexidade das transações reguladas, especialmente envolvendo atividades novas e inovadoras, pode ser um grande desafio pela falta de acesso a informações abrangentes[177].

O mercado financeiro *Twin Peaks*, a exemplo do que ocorre na Austrália, é baseado na delimitação das funções de supervisão entre dois reguladores: (i) um que realiza a supervisão macroprudencial e microprudencial e (ii) um que executa o controle sobre as normas, regras e códigos de conduta do negócio. É um sistema referência de eficiência no

---

[175] Tradução livre de: "the results of the analysis of the functioning of the sectors of the French financial market showed a higher level of development of the financial services sector compared to other countries of the European Union" (Informação disponível em <https://www.bis.org/> Acesso em 09 de julho de 2021).

[176] ISAEVA, E.A.; LESHCHENKO J.G. Evaluation of the effectiveness of modern models of regulation of financial markets. **Journal of Creative Economy**. Institute of Economics RAS, Russia, 2019. p. 2057.

[177] ISAEVA, E.A.; LESHCHENKO J.G. Evaluation of the effectiveness of modern models of regulation of financial markets. **Journal of Creative Economy**. Institute of Economics RAS, Russia, 2019. p. 2059.

setor financeiro, com políticas financeiras fluídas, conforme os indicadores econômicos que indicam um crescimento estável da economia.

O grande volume de empréstimos para empresas privadas em relação ao PIB, acompanhado da menor relação dívida pública/PIB do mundo, bem como a representação das organizações bancárias por instituições depositárias autorizadas (bancos, instituições, cooperativas de crédito e sociedades de construção), são alguns dos elementos que compõe esses resultados positivos[178].

E a análise dos indicadores de eficiência da regulação dos mercados financeiros mostra que o crédito é caracterizado por alto risco em comparação com a França e a Alemanha – especialmente quanto ao risco de inadimplência dos bancos que se associa às operações mais lucrativas. Sabe-se que a essência desta inovação foi a divisão de poderes entre os dois órgãos: o *Prudential Supervision Service* e *Australian Securities and Investments*, que controlam o cumprimento dos padrões da cultura corporativa[179].

Ainda, tem-se (i) a Comissão de Valores Mobiliários e Investimentos da Austrália, responsável perante o tesouro; (ii) o Ministério da Previdência e Direito Empresarial, financiado pelo orçamento e focado em garantir a integridade do mercado e proteção ao consumidor; (iii) o *Reserve Bank of Australia* que desempenha a função de implementar a política monetária e desenvolver padrões de estabilidade financeira e (iv) o Conselho Consultivo do Setor Financeiro do Governo Australiano, estabelecido pela reforma estrutural de 1997 e chefiado pelo chefe do Executivo[180].

Esse modelo contribui para atenuar as divergências entre os interesses dos reguladores, promovendo desafios no que diz respeito aos objetivos, supostamente contrários, de garantia da sustentabilidade de instituições financeiras e de crédito e de proteção dos direitos dos investidores.

---

[178] ISAEVA, E.A.; LESHCHENKO J.G. Evaluation of the effectiveness of modern models of regulation of financial markets. **Journal of Creative Economy**. Institute of Economics RAS, Russia, 2019. p. 2060.

[179] ISAEVA, E.A.; LESHCHENKO J.G. Evaluation of the effectiveness of modern models of regulation of financial markets. **Journal of Creative Economy**. Institute of Economics RAS, Russia, 2019. p. 2061.

[180] ISAEVA, E.A.; LESHCHENKO J.G. Evaluation of the effectiveness of modern models of regulation of financial markets. **Journal of Creative Economy**. Institute of Economics RAS, Russia, 2019. p. 2061.

Ainda, importante para o cenário macro, uma menção sobre o modelo regulatório norte-americano, sistema mais descentralizado que abrange diversos mercados, participantes e reguladores, de modo que os objetivos, poderes e métodos podem diferir até mesmo dentro da jurisdição de cada regulador. A regulamentação financeira nos Estados Unidos evoluiu conforme as mudanças financeiras perpetradas pelas crises, como pode ser observado diante da turbulência financeira que começou em 2007 e que incentivou o *Dodd-Frank Act*, que promoveu a Reforma de *Wall Street* e a Lei de Proteção ao Consumidor em 2010[181].

Dentro dos principais reguladores federais e as instituições que cada um supervisiona, a tabela abaixo apresenta a atual estrutura regulatória das finanças federais, de modo que os respectivos reguladores podem ser classificados nas três principais áreas de finanças: (i) bancário (depositário), (ii) valores mobiliários e seguros (reguladores desempenham papel dominante), (iii) atividades financeiras específicas (proteção ao consumidor) e mercados (finanças agrícolas e habitação)[182]:

---

[181] Em 2010, a Lei Dodd-Frank criou quatro novas entidades federais relacionadas à regulamentação financeira: (i) Financial Stability Oversight Council (FSOC), (ii) Office of Financial Research (OFR), (iii) Federal Insurance Office (FIO) e (iv) Consumer Financial Protection Bureau (CFPB). OFR e FIO são escritórios inseridos dentro do Departamento do Tesouro, portanto não são reguladores. Junto à criação das entidades, a lei modificou a autoridade do CFPB, transferindo-a para outros reguladores, descentralizando. Ainda, a lei eliminou o Office of Thrift Supervision (OTS) e transferiu sua autoridade para os reguladores bancários, conforme mostrado na Lei de Recuperação Econômica e Habitacional de 2008 (HERA), que criou o Federal Housing Finance Agência (FHFA) e eliminou o Office of Federal Housing Enterprise Oversight (OFHEO) e o Federal Housing Finance Board (FHFB). O HERA também transferiu a autoridade Departamento de Habitação e Desenvolvimento Urbano (HUD) (CONGRESSIONAL RESEARCH SERVICE. **Who Regulates Whom?** An Overview of the U.S. Financial Regulatory Framework. Appendix A. Disponível em <https://sgp.fas.org/crs/misc/R44918.pdf> Acesso em 08 de setembro de 2021).
[182] CONGRESSIONAL RESEARCH SERVICE. **Who Regulates Whom?** An Overview of the U.S. Financial Regulatory Framework. Disponível em <https://sgp.fas.org/crs/misc/R44918.pdf> Acesso em 08 de setembro de 2021).

Table 1. Federal Financial Regulators and Who They Supervise

Regulatory Agency	Institutions Regulated	Other Notable Authority
Depository Regulators		
Federal Reserve	Bank holding companies and certain subsidiaries (e.g., foreign subsidiaries), financial holding companies, securities holding companies, and savings and loan holding companies Primary regulator of state banks that are members of the Federal Reserve System, foreign banking organizations operating in the United States, Edge Corporations, and any firm or payment system designated as systemically significant by the FSOC	Operates discount window ("lender of last resort") for depositories; operates payment system; conducts monetary policy
Office of the Comptroller of the Currency (OCC)	Primary regulator of national banks, U.S. federal branches of foreign banks, and federally chartered thrift institutions	
Federal Deposit Insurance Corporation (FDIC)	Federally insured depository institutions Primary regulator of state banks that are not members of the Federal Reserve System and state-chartered thrift institutions	Operates deposit insurance for banks; resolves failing banks
National Credit Union Administration (NCUA)	Federally chartered or federally insured credit unions	Operates deposit insurance for credit unions; resolves failing credit unions
Securities Markets Regulators		
Securities and Exchange Commission (SEC)	Securities exchanges; broker-dealers; clearing and settlement agencies; investment funds, including mutual funds; investment advisers, including hedge funds with assets over $150 million; and investment companies Nationally recognized statistical rating organizations Security-based swap (SBS) dealers, major SBS participants, and SBS execution facilities Securities sold to the public	Approves rulemakings by self-regulated organizations
Commodity Futures Trading Commission (CFTC)	Futures exchanges, futures commission merchants, commodity pool operators, commodity trading advisors, derivatives clearing organizations, and designated contract markets	Approves rulemakings by self-regulated organizations

Fonte: Congressional Research Service (CRS)

Para a compreensão total da tabela, é preciso analisar também a jurisdição regulatória por agência e qual o tipo de regulação perpetrada por cada uma[183]:

---

[183] Congressional Research Service. **Who Regulates Whom?** An Overview of the U.S. Financial Regulatory Framework. Disponível em <https://sgp.fas.org/crs/misc/R44918.pdf> Acesso em 08 de setembro de 2021).

SANDBOX REGULATÓRIO

Figure 1. Regulatory Jurisdiction by Agency and Type of Regulation

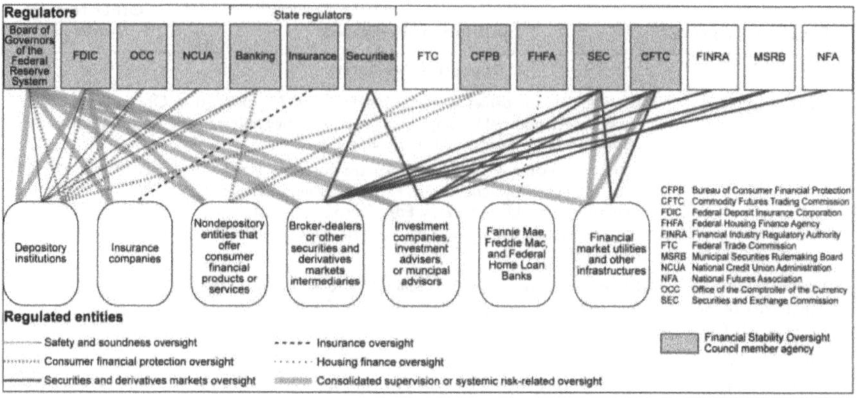

Source: Government Accountability Office (GAO), *Financial Regulation*, GAO-16-175, February 2016, Figure 2.

Fonte: Government Accountability Office (GAO), Financial Regulation, 2016.

As empresas financeiras podem formar sociedades *holding* com subsidiárias legais separadas que, devido à Lei *GrammLeach-Bliley* de 1999, podem participar financeiramente das companhias[184]. Completando o panorama geral da regulação norte-americana, deve-se considerar os reguladores das instituições depositárias (bancos e cooperativas de crédito), devido ao sistema bancário dual, no qual cada instituição depositária está sujeita às normas de autoridades estadual e federal, conforme pode-se extrair do gráfico[185]:

---

[184] CONGRESSIONAL RESEARCH SERVICE. **Who Regulates Whom?** An Overview of the U.S. Financial Regulatory Framework. Disponível em <https://sgp.fas.org/crs/misc/R44918.pdf> Acesso em 08 de setembro de 2021).

[185] CONGRESSIONAL RESEARCH SERVICE. **Who Regulates Whom?** An Overview of the U.S. Financial Regulatory Framework. Disponível em <https://sgp.fas.org/crs/misc/R44918.pdf> Acesso em 08 de setembro de 2021).

Figure 3. Jurisdiction Among Depository Regulators

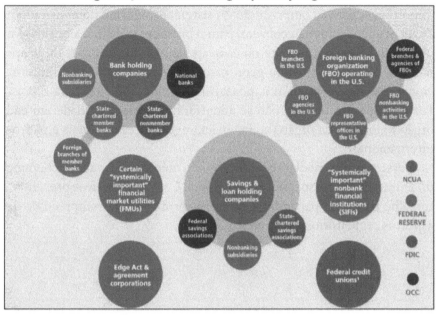

Source: Federal Reserve, *Purposes and Functions*, October 2016, Figure 5.3.

Fonte: Federal Reserve, Purposes and Functions, 2016.

Nesse sentido, bancos e cooperativas de crédito são reguladas por estruturas distintas, já que os bancos recebem seguro de depósito do *Federal Deposit Insurance Corporation* e têm acesso ao desconto do *Federal Reserve* (Banco Central americano), por desempenharem papel central no sistema financeiro de forma geral – carecendo, portanto, de maior segurança e solidez. Já as empresas patrocinadas pelo governo estão submetidas à regulação da *Federal Housing Finance Agency* e da *Farm Credit Administration*. E, ainda, para coordenar o compartilhamento de dados entre os reguladores, existem inúmeras forças-tarefa interagências para estudar episódios específicos de mercado e fazer recomendações ao Congresso, de modo que três dessas organizações possuem *status* permanente: o *Financial Stability Oversight Council*, o *Federal Financial Institution Examination Council*, e Grupo de Trabalho do Presidente sobre Mercados Financeiros[186].

---

[186] CONGRESSIONAL RESEARCH SERVICE. **Who Regulates Whom?** An Overview of the U.S.

SANDBOX REGULATÓRIO

Pontuam-se essas questões regulatórias específicas devido à sua importância para a compreensão do sistema, conforme demonstrado na imagem acima, mas não convém, para o presente trabalho, alongar-se na discussão sobre cada agente ou cada agência reguladora, visto que apenas é necessária uma visão geral para compreender o cenário internacional e, consequentemente, pensar no melhor ambiente para o Brasil. Por esse mesmo motivo, não se adentrará com especificidade em cada órgão federal, cada órgão interagência, reguladores estaduais e padrões internacionais.

Nesse sentido, mediante a aplicação do método da Análise Econômica do Direito, pela perspectiva institucional, e seus respectivos preceitos, o trabalho passará, a partir desse ponto, a aprofundar na compreensão dos aspectos regulatórios e seus efeitos.

Financial Regulatory Framework. Disponível em <https://sgp.fas.org/crs/misc/R44918. pdf> Acesso em 08 de setembro de 2021).

4.
A ANÁLISE ECONÔMICA DO DIREITO NA COMPREENSÃO DOS ASPECTOS REGULATÓRIOS E SEUS EFEITOS

O mercado é o globo. Partindo desse pressuposto, são necessárias regras uniformes de regulação que, ao mesmo tempo que em que são segmentadas, precisam ostentar uma relativa uniformidade[187].

Depois de analisados os elementos fundamentais no processo regulatório do mercado financeiro, utiliza-se da Análise Econômica do Direito, nesse momento, como instrumento que facilita a compreensão dos efeitos da regulação bem como a busca de respostas adequada aos seus impactos. Assim, pretende-se chegar ao que se entende mais próximo de eficiência regulatória do mercado financeiro, seguindo seus pressupostos com base na corrente institucional, conforme será exposto.

4.1. Desenvolvimento da Análise Econômica do Direito
Segundo Ejan Mackaay, o desenvolvimento da Análise Econômica do Direito pode ser dividido em cinco momentos[188]: o início; a proposição do paradigma (1958-1973); a aceitação do paradigma (1973-1980); o questionamento do paradigma (1976-1983) e a reformulação do movimento (1983 até hoje)[189].

---

[187] PRADO, Maurício Prado; DE SANTANA, Renata Duarte. **O Brasil e a globalização:** pensadores do direito internacional. São Paulo: Editora de Cultura, 2013. p. 23.

[188] MACKAAY, Ejan. History of Law and Economics. In: BOUCKAERT, Boudewijn; DE GEEST, Gerrit. **Encyclopedia of Law and Economics**. Volume I – The History and Metodology of Law and Economics. Massachusetts: Edward Elgar Publishing Inc., 2000. p. 65.

[189] MACKAAY, Ejan. History of Law and Economics. In: BOUCKAERT, Boudewijn; DE GEEST, Gerrit. **Encyclopedia of Law and Economics**. Volume I – The History and

Considerando essa divisão, no presente trabalho pretendeu-se explicar a corrente de pensamento em três momentos: (i) a base precursora, (ii) a apresentação e aceitação da disciplina e (iii) o questionamento e a reformulação do tema.

No que diz respeito ao primeiro momento, a base precursora pode ser observada desde o século XVIII, a doutrina econômica de Adam Smith e a base filosófica de Jeremy Bentham já formavam a interpretação jurídica econômica.

Adam Smith revelou os princípios que conectam e ordenam a vida em sociedade, por meio do seu plano de filosofia moral. Partindo do aspecto divino, da influência do jusnaturalismo e da filosofia estoica, defendia a harmonia universal da sociedade como a cadeira invisível de conexão das ações humanas, de modo que "o plano divino é não apenas uma norma ética para a qual tendem as sociedades, mas também um padrão analítico em relação ao qual o estágio evolutivo de cada sociedade pode ser avaliado"[190].

Em seu livro *The Theory of Moral Sentiments*[191], Smith explica que os homens são dotados de um complexo de sentimentos, que sofrem influência das experiências e moldam, consequentemente, os comportamentos. Sem qualificar esses sentimentos, defende a moralidade como pertencente ao plano divino e, por esse motivo, considera que o amor-próprio não é necessariamente mau, mas sim um sentimento válido e útil que, apenas quando fora de controle é impróprio, pois "a benevolência, como prova do que foi dito, não é a rainha dos sentimentos. Ela é muito frágil, segundo Smith, para cumprir aquele papel e não proporciona o estímulo necessário para instigar o ardor produtivo"[192]. Assim, Smith estabeleceu que a exigência de julgamento para a própria conduta deve

---

Metodology of Law and Economics. Massachusetts: Edward Elgar Publishing Inc., 2000. p. 71.

[190] EVENSKY, Jerry. The evolution of Adam Smith's views on political economy. **History of political economy**, v. 21(1), 1989. P. 243.

[191] SMITH, Adam. **The theory of moral sentiments**. Londres: T. Cadell, ed. ampl., 1790; reed. Oxford: Clarendon Press, 1976.

[192] EVENSKY, Jerry. The two voices of Adam Smith: moral philosopher and social critic. **History of political economy**, v. 19(3), 1987. p. 452.

embasar-se no exame "como imaginamos que um espectador imparcial a examinaria"[193].

Essa construção é relevante para a compreensão do que pensa Smith sobre a busca do interesse pessoal, sentimentos naturais dos homens, o que o levou a discutir as limitações da pressuposição de uma busca universal do autointeresse, já que existem diversas razões para se agir contra o amor-próprio:

> simpatia ("as ações mais humanas não necessitam de abnegação, de auto-controle, de grande esforço do senso de prioridade", e "consistem apenas em fazer o que essa fina simpatia por iniciativa própria nos levaria a fazer"); generosidade ("de outro modo, agimos com generosidade", quando "sacrifi-camos algum grande e importante interesse próprio por um interesse igual de um amigo ou de um superior"); espírito público ("ao compararmos esses dois objetos entre si, não os vemos sob a luz em que aparecem naturalmente a nós mesmos, mas sob a luz em que aparecem à nação pela qual lutamos")[194].

Ocorre que, para Smith, nem sempre será a busca do autointeresse a motivação para as trocas econômicas do mercado. Essa base moral fundamentou a reflexão econômica apresentada no livro *An Inquiry into the Nature and Causes of the Wealth of Nations*[195], no qual expõe a sociedade mercantil das trocas, complexo que não exige a benevolência mas, pelo contrário, conforme cada indivíduo atinge nível de riqueza e bem-estar, pode exercitá-la e, ainda, se afastar do risco das situações moralmente degradantes associadas à pobreza.

Porém, os efeitos negativos do próprio desenvolvimento das sociedades comerciais apontam para o papel do legislador, de modo a que o governo atuaria na defesa, justiça e infraestrutura, condições necessárias para o desenvolvimento do mercado, bem como controle dos riscos

---

[193] SMITH, Adam. **The theory of moral sentiments**. Londres: T. Cadell, ed. ampl., 1790; reed. Oxford: Clarendon Press, 1976.

[194] SMITH, Adam. **The theory of moral sentiments**. Londres: T. Cadell, ed. ampl., 1790; reed. Oxford: Clarendon Press, 1976. p. 191.

[195] SMITH, Adam. **An inquiry into the nature and causes of the wealth of nations**, R. H. Campbell e A. S. Skinner (orgs.). Oxford: Clarendon Press, 1976.

SANDBOX REGULATÓRIO

envolvidos na divisão do trabalho que gerem a degeneração dos indivíduos. Assim, a capacidade do indivíduo de executar juízos morais é uma condição para a própria preservação da sociedade – que depende da mão visível da liderança moral do Estado[196].

O autor se concentrou nas normas jurídicas que regulam o mercado, controlando a atividade econômica, desenvolvida exponencialmente com o amadurecimento da economia como ciência, originada a partir dos questionamentos sobre a regulação estatal e a condução das relações de troca de bens e serviços. Assim, a essência de sua teoria pode ser extraída do seguinte trecho de sua obra:

> Não é da benevolência do açougueiro, do cervejeiro, ou do padeiro que esperamos nosso jantar, mas da consideração que eles têm pelos seus próprios interesses. Cada indivíduo não tem a intenção de promover o interesse público, nem sabe o quanto o está promovendo. Não pensa senão no próprio ganho, e neste caso, como em muitos outros casos, é conduzido por uma mão invisível a promover um fim que não fazia parte de sua intenção. E nem sempre é pior para a sociedade que não fizesse parte. Ao perseguir seu próprio interesse, ele frequentemente promove o interesse da sociedade de modo mais eficaz do que faria se realmente se prestasse a promovê-lo.[197]

Desse modo, promove a economia como um contexto, no qual seus agentes são motivados por seus próprios interesses, dirigidos pelo mercado, no sentido da promoção do bem-estar econômico social. Da mesma maneira, propõe-se a analisar a intervenção estatal econômica e as suas falhas.

---

[196] Com o passar do tempo, despida de suas intenções originais, a "Riqueza das Nações" passou a ser lida apenas como uma descrição do funcionamento autorregulado e espontâneo do mercado. Essa mera análise da produção e distribuição das riquezas materiais articuladas em torno de uma teoria do valor de troca empobreceu as reflexões sobre ética, economia e política promovidas por Adam Smith.

[197] SMITH, Adam. **A riqueza das nações.** São Paulo: WMF Martins Fontes, 2010. Vol II. p. 35.

A ANÁLISE ECONÔMICA DO DIREITO NA COMPREENSÃO DOS ASPECTOS REGULATÓRIOS...

Sob outro prisma, uma vertente da Análise Econômica do Direito pauta-se num composto de direitos reais e na promoção da concorrência para impedir falhas de ineficiência.

Assim, atrelado ao objeto de analisar as leis que regulam os mercados explícitos, desenvolvido com o amadurecimento da economia como ciência e a expansão da regulação governamental do mercado, Jeremy Bentham buscou a compreensão das leis que regulam o comportamento alheio ao mercado[198], estudando relações jurídicas não econômicas sobre a perspectiva econômica a partir do individualismo metodológico[199] de autointeresse[200]. Bentham considerou "que o modelo econômico, que para alguns é o desenvolvimento das implicações de assumir que as pessoas são maximizadoras racionais, era aplicável a todo tipo de atividade humana, ao invés de confinar-se a mercados explícitos"[201].

Posteriormente, nos anos 1940, a Escola da Análise Econômica do Direito centrava-se em áreas estreitamente vinculadas à economia, até os anos 1960, momento no qual se voltou para um novo modelo, a partir da análise das regras legais e contratuais.

Até a década de 70, pode ser observada a visão jurídica como predominante, conforme descreve Christopher Langdell, sob o aspecto metodológico e epistemológico, tomado o Direito como uma realidade e disciplina autônoma[202], ou seja, um conjunto de princípios, conceitos e doutrinas que poderiam ser inferidos da multidão e variedade de opi-

---

[198] Cf. BENTHAM, Jeremy. **An Introduction to the Principles of Morals and Legislation,** 1789. Disponível em: <http://www.earlymoderntexts.com/assets/pdfs/bentham1780.pdf>. Acesso em: 02 dez. 2017.

[199] Nesse sentido, Mercuro e Medema concluem que os indivíduos agem sempre para maximizar sua satisfação, respondendo racionalmente a incentivos e desincentivos externos (MERCURO, N.; MEDEMA, S.G. **Economics and the Law:** From Posner to PostModernism. Princenton University Press, 1999. p. 57).

[200] Cf. MILLER, James. **Game Theory at Work:** how to use game theory of outthink and outmaneuver your competition. McGraw-Hill, 2003.

[201] POSNER, R. **El análisis económico del Derecho.** México: Fondo de Cultura Económica, 1998. p. 66.

[202] LANGDELL, Christopher Columbus. **A Selection of Cases on the Law of Contract.** Boston: Little, Brown and Company, 1891.

SANDBOX REGULATÓRIO

niões judiciais, de modo que primeiro era selecionado o argumento para depois defendê-lo.

Assim, por meio de reformas do sistema, adaptações a condições e realidades do comércio e de um estado intervencionista, junto à consolidação da concepção do Direito como técnica social e ao consenso político da década de 50 e 60 de neutralização dos extremos, os juristas estavam otimistas com a reconstrução jurisprudencial advinda da união do formalismo com o realismo, buscando objetividade por meio de um processo de elaboração mais justificada das decisões[203]. Atrelado à essa visão jurídica, residia o utilitarismo como filosofia moral e política, cuja importância destacou-se a partir do século XIX e que, durante o século XX, "tornou-se dominante nas filosofias moral norte-americana e exerceu sua influência na metafísica e na epistemologia através do pragmatismo"[204].

Em contraposição, surgem dois movimentos intelectuais, que buscavam a aplicação prática do direito em detrimento do seu descobrimento, porém opostos em aspectos ideológicos: (i) a Análise Econômica do Direito, que propõe a análise do Direito sob a perspectiva econômica; (ii) a Escola Crítica do Direito, que originou-se do pragmatismo americano e embasou o realismo jurídico, que, sob a perspectiva política, engloba as contribuições que derivam das teorias desenvolvidas no campo da filosofia moral e política por autores como Rawls, Nozick, Kennedy e Dworkin e cujo objetivo é desenhar os referenciais constitutivos de uma sociedade justa[205].

---

[203] PACHECO, Pedro Mercado. **El Análisis Económico del Derecho**: una reconstrucción teórica. Madrid: Cento de Estudios Constitucionales, 1994. p. 193-196.

[204] SPECTOR, Horacio. **Justicia y bienestar**. Desde una perspectiva de derecho comparado. Doxa, nº 26, 2003. p. 8.

[205] Isto pois, "No final da década de 1950, ficou claro que o utilitarismo, ao exaltar o bem-estar agregado e diluir as noções de certo e errado, não estava servindo para dar expressão teórica ao movimento pelas liberdades civis. Filósofos morais e políticos começaram a reagir contra o utilitarismo desenvolvendo ideias que se inspiravam nas teorias contratualistas e nas teorias dos direitos naturais que prevaleciam na filosofia ocidental antes do surgimento do utilitarismo, considerando a Teoria da Justiça de J. Rawls" (Tradução livre de: "Al final de los cincuenta se hizo evidente que el utilitarismo, al exaltar el bienestar agregado y al diluir las nociones de lo correcto y de lo incorrecto, no servia para darle expresión teórica al movimiento de la libertades civiles. Los filósofos morales y políticos comenzaron a reacionar contra el utilitarismo

A ANÁLISE ECONÔMICA DO DIREITO NA COMPREENSÃO DOS ASPECTOS REGULATÓRIOS...

O movimento da Análise Econômica do Direito caracteriza-se pela aplicação da teoria econômica na explicação do Direito, especificamente por meio de categorias e instrumentos teóricos da microeconômica neoclássica e do bem-estar na explicação e avaliação das instituições e realidades jurídicas[206]. Cabe ressaltar, conforme se observará adiante, que:

> O movimento não é homogêneo, ao contrário, congrega várias tendências, tais como a ligada à Escola de Chicago, também denominada conservadora, identificada com a figura de Richard Posner, e integrada, entre outros, por Landes, Schwartz, Kitch e Easterbrook, a liberal-reformista, com Calabresi como figura representativa e integrada por uma diversidade de autores como Polinsky, Ackermann, Korhnhauser, Cooter e Coleman; e uma terceira via, denominada por Leljanovski como tendência neoinstitucionalista, que se separa das anteriores tanto na temática como na metodologia e é integrada, entre outros, por A. Allam Schmid, Warren J. Samuels, Nicholas Mercúrio e Oliver E. Williamson[207].

Formalmente, pontua-se o início do movimento com os trabalhos de Ronald H. Coase e Guido Calabresi[208], que demonstraram a teoria econômica sobre a distribuição do risco como critério de imputação da responsabilidade que informa o direito de danos[209]. É nesse momento que compreende ter espaço a apresentação e aceitação da disciplina.

---

desarrollando ideas que tomaron prestadas de las teorías contractualistas y de las teorías de los derechos naturales que habian prevalecido en la filosofia occidental antes del surgimiento del utilitarismo, considerando-se como ponto decisivo la Teoría de la Justicia de J. Rawls") (SPECTOR, Horacio. **Justicia y bienestar**. Desde una perspectiva de derecho comparado. Doxa, nº 26, 2003. p. 12).

[206] PACHECO, Pedro Mercado. **El Análisis Económico del Derecho**- una reconstrucción teórica. Madrid: Cento de Estudios Constitucionales, 1994. p. 27.

[207] ALVAREZ, Alejandro Bugallo. Análise econômica do direito: contribuições e desmistificações. **Direito, Estado e Sociedade** – v.9 – n.29 – p 49 a 68 – jul/dez 2006. p. 53.

[208] SALAMA, Bruno. **O que é direito e economia**. Artigos Direito GV, 2007.

[209] PACHECO, Pedro Mercado. **El Análisis Económico del Derecho**- una reconstrucción teórica. Madrid: Cento de Estudios Constitucionales, 1994. p. 28.

SANDBOX REGULATÓRIO

Primeiramente, cabe explicar a contribuição de Coase, que definiu seu estudo sobre a Ciência Econômica da seguinte forma: "Não fiz inovações na alta teoria. Minha contribuição para a economia tem sido insistir na inclusão em nossa análise de características do sistema econômico tão óbvias que tendem a ser negligenciadas"[210]. Com o artigo *The Nature of the Firm*, criticou a presunção de que "a direção dos recursos depende diretamente do mecanismo de preços"[211], pois há instituições, como a firma, que coordenam atividades de produção e troca, de modo alternativo às sinalizações de preços.

Deste modo, dentro da firma, são as ordens do empreendedor, e não as sinalizações de preços de mercado que alocam os fatores de produção[212]. Com essa visão, deu início a uma nova perspectiva de estratégias empresariais, indicando que os custos de uma empresa vão para além da produção e perpassam pela transação[213]. A teoria econômica convencional presumia que os preços nos mercados sejam conhecidos pelos indivíduos, mas "isso claramente não é verdade no mundo real"[214], como defende Decio Zylbersztajn:

> Coase estava preocupado com as organizações do mundo real, como deixou claro no seu discurso ao receber o prêmio Nobel de Economia em 1991. Ao fazê-lo discutiu as razões explicativas para a existência da firma com base nos custos comparativos da organização interna e de produção via mercado, e lançou as bases para o estudo das formas alternativas de organização das firmas contratuais. Reconheceu que os mercados não funcionavam a custo zero, tampouco a organização interna da firma era desprovida de custos[215].

---

[210] Tradução livre de: "I have made no innovations in high theory. My contribution to economics has been to urge the inclusion in our analysis of features of the economic system so obvious that [...] have tended to be overlooked" (COASE, R. H. The Institutional Structure of Production. **The American Economic Review**. v. 82, n. 4, p 713-719, set. 1992).

[211] COASE, Ronald H. **The nature of the Firm. Economica**. v. 4, 1937. p. 387.

[212] COASE, Ronald H. **The nature of the Firm. Economica**. v. 4, 1937. p. 388.

[213] COASE, Ronald H. **The nature of the Firm. Economica**. v. 4, 1937. p. 4.

[214] COASE, Ronald H. **The nature of the Firm. Economica**. v. 4, 1937. p. 390.

[215] ZYLBERZTAJN, Décio. Papel dos contraltos na coordenação agro-industrial: um olhar além dos mercados. In: SOUZA, José Paulo de; PRADO, Ivanor Nunes do (Org.).

Os custos de um empreendimento atingem as fases de procura, aquisição de informações, negociação com outros agentes da transação e a execução do projeto, sendo que "de alguma forma, oneram a operação, mesmo quando não representados por dispêndios financeiros feitos pelos agentes, mas que decorre do conjunto de medidas tomadas para realizar uma transação"[216].

Com base nessa teoria surgiu o Teorema de Coase[217], a partir de formulações em *The Problem of Social Cost*, dedicado "às ações de empresas que têm efeitos danosos sobre terceiros"[218], trazendo à tona a problemática das externalidades, de modo que proporcionou o estudo das organizações como "arranjos institucionais que regem transações, seja por meio de contratos formais ou de acordos informais, os primeiros amparados pela lei, o segundo amparado por salva guardas reputacionais e outros mecanismos sociais"[219]. Estabelecia, assim, uma nova abordagem econômica das instituições, que deu origem mais tarde ao movimento conhecido como Nova Economia Institucional.

A questão do custo social demonstrou ser possível empregar critérios econômicos para avaliar instituições, pois as estruturas de ordem social buscam regular o comportamento dos indivíduos e, por esse motivo, definem os incentivos das economias e, consequentemente, os custos de transação[220]; conclusão valiosa para a análise do tema debatido no pre-

---

Cadeias produtivas: estudos sobre competitividade e coordenação. 2. Ed. Maringá: EDUEM, 2009. p. 42.

[216] SZTAJN, Rachel. Externalidades e custos de transação: a redistribuição de direitos no novo Código Civil. **Revista de Direito Mercantil, Industrial, Econômico e Financeiro.** Nova série, São Paulo: Revista dos Tribunais, ano 43, n. 133, jan./mar. 2004. p. 9.

[217] Segundo o próprio Ronald Coase, a expressão "teorema de Coase" não foi cunhada por ele, mas por George Stigler (COASE, Ronald H., Law and economics at Chicago, **The Journal of Law and Economics**, v. 36, n. 1, Part 2, p. 239–254, 1993, p. 249).

[218] COASE, The problem of social cost. **The Journal of Law and Economics**, v. III, 1960, p. 1.

[219] ZYLBERZTAJN, Décio. **Papel dos contraltos na coordenação agro-industrial: um olhar além dos mercados.** In: SOUZA, José Paulo de; PRADO, Ivanor Nunes do (Org.). Cadeias produtivas: estudos sobre competitividade e coordenação. 2. Ed. Maringá: EDUEM, 2009. p. 43.

[220] Conceito este preconizado por Coase como o custo de saber com quem negociar e quais informações utilizar para conduzir a transação, sua elaboração e posterior

SANDBOX REGULATÓRIO

sente trabalho. Coase permaneceu no *mainstream* da Análise Econômica do Direito, ou seja, associado à Escola de Chicago, vertente com maior visibilidade e influência acadêmica e prática, como também o tronco principal do qual emergiram variantes: "a história oficial e interna do campo começa em Chicago"[221], conforme será exposto.

Sobre a contribuição de Guido Calabresi, Professor da Universidade de Yale, por meio do trabalho *Some Thoughts on Risk Distributions and the Law of Torts*[222], centra-se na questão da distribuição da riqueza existente como ponto de partida teórico. O autor inova ao manifestar a necessidade de se introduzir considerações distributivas à análise pura de eficiência. Justifica que a eficiência não é o único valor social, devendo ser mitigado quando outros são considerados mais importantes.

Assim, desenvolve sua doutrina com base no aspecto normativo, pois considera a importância da reconstrução do sistema legal a partir de questões econômicas, ultrapassando-se a compreensão do Direito em si. Calabresi viria a ser um dos nomes de uma linhagem alternativa – a Escola de New Haven[223], cujos argumentos tendem a favorecer maior

---

fiscalização (COASE, R. H. **The Nature of the Firm**. Economica, 1937, p. 336). Posteriormente, Arrow, considerou os custos de transação como aqueles necessários para se recorrer ao sistema econômico (ARROW, K. J. The Organization of economic activity: issues pertinent to the choice of market versus nonmarket allocation. In: **The Analysis and evaluation of public expenditure**. Cambridge: Harvard University Press, 1969) e, ainda, Williamson os desenvolveu como aqueles incorridos para planejar e monitorar as estruturas de governança (WILLIAMSON. Oliver E. **The Economic Institutions of Capitalism: firms, markets, relationsl contracting**. London: Collier Macmillan Publishers, 1985).

[221] HARRIS, Ron. The uses of history in law and economics. **Theoretical Inquiries in Law** 4.2, 2003. Disponível em <https://www7.tau.ac.il/ojs/index.php/til/article/view/258/234> Acesso em 01 de julho de 2021. p. 662.

[222] CALABRESI, Guido, Some thoughts on risk distribution and the law of torts. **The Yale Law Journal**, v. 70, n. 4, p. 499–553, 1961.

[223] Nesse sentido, "alguns fazem referência ao artigo Some Thoughts on Risk Distribution and the law of Torts de Guido Calabresi, de 1961, como equivalente à contribuição de Coase para a fundação da análise econômica do direito (law and economics). Outros entendem que Calabresi foi o fundador da escola da análise econômica do direito de New Haven, como algo distinto da escola da análise econômica do direito de Chicago" (HARRIS, Ron. The uses of history in law and economics. **Theoretical**

A ANÁLISE ECONÔMICA DO DIREITO NA COMPREENSÃO DOS ASPECTOS REGULATÓRIOS...

medida de intervencionismo estatal na economia[224], motivo pelo qual a pontuação sobre a sua teoria é breve.

Nessa toada, seguindo a linha cronológica de influências, o movimento recebe novo impulso em 1973, com publicação do livro de Richard Posner, denominado *Economic Analisys of Law*[225] . Nele, fica consolidado o movimento como o primeiro estudo sistemático da maioria dos setores do sistema jurídico americano, com as principais teses da tendência predominante polarizada na Escola de Chicago e consistente na teoria positiva do sistema jurídico desde a perspectiva do paradigma do mercado e da eficiência econômica[226].

Posner era juiz da Corte de Apelação dos Estados Unidos e a sua atuação ativa no movimento, por meio de intervenções jurisdicionais, buscando a aplicação da teoria aos casos concretos, promoveram a adesão de magistrados. Por considerar que a economia é meio essencial para analisar questões concretas, nem sempre bem analisadas pelo Direito, buscou, por meio da Análise Econômica do Direito, a promoção da justiça. Desse modo, "se os juízes não estão sendo capazes de maximizar a riqueza, o analista econômico irá pressioná-los a alterar sua prática ou doutrina da melhor maneira possível"[227].

Ademais, contribuiu para enfatizar a aplicação da análise econômica neoclássica aos mais diferentes ramos jurídicos[228] e disseminar o estudo entre os estudantes da área. Posner promoveu o movimento com a função de garantia da alocação de direitos entre as partes de maneira efi-

---

Inquiries in Law 4.2, 2003. Disponível em <https://www7.tau.ac.il/ojs/index.php/til/article/view/258/234> Acesso em 01 de julho de 2021. p. 662).

[224] MACKAAY, Ejan, Schools: general, in: BOUCKAAERT, Boudewijn; DE GEEST, Gerrit (Orgs.), **Encyclopedia of Law and Economics,** Vol. I: The History and Methodology of Law and Economics, Cheltenham: Edward Elgar, 2000. p. 410.

[225] POSNER, Richard. **Economic Analysis of Law.** 1ed. Little, Brown and Company, 1973.

[226] PACHECO, Pedro Mercado. **El Análisis Económico del Derecho**- una reconstrucción teórica. Madrid: Cento de Estudios Constitucionales, 1994. p. 30.

[227] POSNER, Richard Allen. **The economics analysis of law.** 6. ed. Aspen, 2003. p. 41.

[228] POSNER, R. **Economic Analysis of Law.** 4. ed. Little Brown, 1992. p. xix.

ciente[229], sugerindo que eficiência num "sistema moral fundado em princípios econômicos é congruente com, e pode dar estrutura para, nossas intuições morais diárias"[230]. Assim, "contra a ideia de que a lei só pode ser entendida a partir do uso de conceitos doutrinais legais tradicionais baseados na justiça, a economia permite que tal compreensão possa ser aumentada por conceitos econômicos, incluindo os critérios de eficiência econômica"[231].

Esse posicionamento ensejou debates sobre a questão da eficiência[232], contrariando a ideia de que o Direito só poderia ser entendido por meio do uso de conceitos doutrinários jurídicos tradicionais baseados na justiça e na equidade, mediante a compreensão de que a economia pode ampliar – ou suplantar – ideias tradicionais ao Direito por meio de conceitos econômicos, incluindo critérios de eficiência econômica. Compreende-se que "a Economia em Direito e Economia é um corpo de lite-

---

[229] DUXBURY, N. **Patterns of American Jurisprudence**. Oxford: Claredon Press, 2001. p. 390.

[230] Tradução livre de: "a moral system founded on economic principles is congruent with, and can give structure to, our everyday moral intuitions" (POSNER, R. The Problems of Jurisprudence. **Harvard University Press**, 1990. p. 84).

[231] Tradução livre do trecho extraído do original: "against the idea that law can be understood only through the use of traditional legal doctrinal concepts base on justice and fairness, economics counters that such understanding can be augmented by economic concepts, including the criteria of economic efficiency" (MERCURO, N.; MEDEMA, S.G. **Economics and the Law:** From Posner to PostModernism. Princenton University Press, 1999. p. 13).

[232] Nesse ponto cabe ressaltar que essa concepção possui intensa influência da teoria de Pareto (PARETO, Vilfredo. **Manual de Economia Política.** São Paulo: Abril Cultural, 1984), na qual a eficiência é definida como um conceito econômico que resulta de uma situação econômica ótima quando não puder mais ser melhorada ou quando não se puder melhorar um dos fatores sem o detrimento de outro fator participante, já que as trocas resultam de utilidades individuais (COOTER, R., e ULEN, T. **Law and economics**. 2. ed. Califórnia: Addison-Wesley, 1996. p. 41). Posteriormente, esse conceito foi reformulado por Nicholas Kaldor e John Hicks, que trouxeram critérios menos rigorosos aplicados na economia do bem-estar social (Informação disponível em:<http://www.princeton.edu/~achaney/tmve/wiki100k/docs/Kaldor--Hicks_efficiency.html>. Acesso em: 10 de jan. 2017).

ratura composto principalmente de conceitos dentro da microeconomia neoclássica e economia do bem-estar"[233].

Coase e Posner, portanto, ligam-se à denominada Escola de Chicago, que parte da microeconomia, de modo que "o direito e a economia de Chicago são, em geral, a análise econômica do direito"[234].

A ferramenta começou a se desenvolver e legitimar sua força como novo ramo de pesquisa a partir desse ponto. O professor Aaron Director, ao lado de grandes nomes como Frank Knight – o qual havia presidido o departamento de Economia da Universidade de Chicago entre 1920 e 1940 – George Stigler e Milton Friedman[235], foi um dos agentes iniciais de promoção da análise proposta e implantou o primeiro programa da disciplina nos Estados Unidos, bem como fundou o *Journal of Law and Economics*, para divulgar a concepção de que a regulação econômica é uma função do mercado, e não do Estado[236]. Posteriormente, influenciou outros nomes para o estudo do direito à propriedade, que deveria ser solucionado por meio da estruturação de uma empresa pelo mercado[237].

Neste ponto, passa-se ao terceiro momento, na visão de Mackaay: de questionamento e reformulação, especialmente em virtude das críticas

---

[233] Tradução livre: "Contra a ideia de que a lei só pode ser entendida através do uso de conceitos doutrinários jurídicos tradicionais baseados na justiça e justiça, a economia considera que tal entendimento pode ser aumentado (suplantado?) Por conceitos econômicos, incluindo os critérios de eficiência econômica. Como tal, a Economia em Direito e Economia é um corpo de literatura composto principalmente dos conceitos dentro da microeconomia neoclássica e economia do bem-estar" (MERCURO, N.; MEDEMA, S.G. **Economics and the Law:** From Posner to PostModernism. Princenton University Press, 1999. p. 13).

[234] Tradução livre de: "Chicago's law and economics is, by and large, the economic analysis of law" (MERCURO, N.; MEDEMA, S.G. **Economics and the Law:** From Posner to PostModernism. Princenton University Press, 1999. p. 173)

[235] MACKAAY, Ejan. History of Law and Economics. In: BOUCKAERT, Boudewijn; DE GEEST, Gerrit. **Encyclopedia of Law and Economics**. Volume I – The History and Metodology of Law and Economics. Massachusetts: Edward Elgar Publishing Inc., 2000.

[236] DUXBURY, N. **Patterns of American Jurisprudence**. Oxford: Claredon Press, 2001. p. 343.

[237] ULEN, T. Law and Economics: settled issues and open questions. In: MERCURO, N. **Law and Economics.** Boston: Kluwer Academic Publishers, 1988. p. 218.

advindas do campo da Economia, "severas por parte dos integrantes da Escola Austríaca, precursora do movimento conhecido como Marginalista ou Neoclássico"[238], que iam desde a dificuldade em assimilar a mensuração das necessidades e os interesses dos agentes de forma objetiva desde a eficiência na alocação de recursos e sua própria refutação até o questionamento sobre a eficiência do sistema da *Common Law*[239].

As críticas trouxeram contribuições ao desenvolvimento da teoria, bem como fixaram a última fase do movimento, entre 1983 até os dias atuais[240]. Isso não impediu que a disciplina continuasse crescendo e passando por reformulações.

Thomas Ulen[241] é outro entusiasta do movimento e defende que a relação Direito/Economia se apresenta como método frutífero, considerando a cientificidade do método proposto pela Economia[242] no estudo do Direito. Assim, um dos seus principais estudos é a análise da decisão das pessoas em relação aos incentivos, buscando demonstrar técnicas empíricas para avaliá-las, de modo que considera o âmbito jurídico um

---

[238] GALESKI JUNIOR, Irineu. **A Análise Econômica do Direito e a Repetição do Indébito Tributário**. Dissertação (Mestrado) Pontifícia Universidade Católica do Paraná – PUCPR, Curitiba, 2008. p. 24.

[239] MACKAAY, Ejan. History of Law and Economics. In: BOUCKAERT, Boudewijn; DE GEEST, Gerrit. **Encyclopedia of Law and Economics**. Volume I – The History and Metodology of Law and Economics. Massachusetts: Edward Elgar Publishing Inc., 2000. p. 77.

[240] MACKAAY, Ejan. History of Law and Economics. In: BOUCKAERT, Boudewijn; DE GEEST, Gerrit. **Encyclopedia of Law and Economics**. Volume I – The History and Metodology of Law and Economics. Massachusetts: Edward Elgar Publishing Inc., 2000. p. 80.

[241] ULEN, Thomas S. Direito e Economia para Todos. **Estudos sobre Negócios e Contratos**: uma perspectiva internacional a partir da análise econômica do direito. Coimbra: Almedina, 2017. p. 17.

[242] Esse método significa o estudo pela articulação de hipóteses coerentes sobre fenômenos reais atrelada à análise sistemática de dados concernentes à probabilidade estatística do acerto das hipóteses (ULEN, **A Nobel Prize in Legal Science:** Theory, Empirical Work, and the Scientific Method in the Study of Law, 2002. III, Ver. 875).

A ANÁLISE ECONÔMICA DO DIREITO NA COMPREENSÃO DOS ASPECTOS REGULATÓRIOS...

método de governança e de orientação do comportamento por meio de regras e normas[243].

A disseminação da Análise Econômica do Direito como um "conjunto de ferramentas analíticas que podem complementar as ferramentas já tradicionalmente utilizadas pelo Direito"[244], embasa também as publicações periódicas dos jornais da Universidade de Chicago, *Journal of Law and Economics* e do *Journal of Legal Studies*, dos jornais de New Castle e Yale, o *International Review of Law and Economics* e o *Journal of Law, Economics, and Organization*, que acompanham a evolução do instituto.

Conforme já foi referenciado, o movimento não é homogêneo, de modo que há divergências entre métodos, consequências das diferentes origens acadêmicas, como ocorre, por exemplo, nas disputas entre Richard A. Posner, que integra a corrente *Law and Economics*, e Oliver Williamson, um dos principais expoentes da Nova Economia Institucional e que desenvolveu a Teoria dos Custos de Transação.

Diferentemente de Posner, para Williamson, a análise da eficiência de uma norma não pode ser feita de forma isolada, mas sim dentro do contexto institucional – esse ponto é importante para a compreensão das conclusões deste trabalho.

Há, ainda, outras vertentes como a *Comparative Law and Economics*[245], que analisa questões pertinentes ao *Common Law* e *Civil Law*, bem como

---

[243] Ou seja, consolida-se a análise do processo de tomada de decisões, de modo a maximizar a utilidade ou bem-estar, observando as imperfeições do mercado (exemplo: monopólios), custos externos e graves assimetrias de informação (ULEN, Thomas S. Direito e Economia para Todos. **Estudos sobre Negócios e Contratos**: uma perspectiva internacional a partir da análise econômica do direito. Coimbra: Almedina, 2017. p. 20)

[244] ULEN, Thomas S. Direito e Economia para Todos. **Estudos sobre Negócios e Contratos**: uma perspectiva internacional a partir da análise econômica do direito. Coimbra: Almedina, 2017. p. 35.

[245] MATTEI, Ugo A.; ANTONIOLLI, Luisa; ROSSATO, Andrea. Comparative Law and Economics. In: BOUCKAERT, Boudewijn; DE GEEST, Gerrit. **Encyclopedia of Law and Economics**. Volume I – The History and Metodology of Law and Economics. Massachusetts: Edward Elgar Publishing Inc., 2000. p. 505.

SANDBOX REGULATÓRIO

a Austrian Law and Economics[246]. Cabe ressaltar a observação feita por Duxbury:

Hoje, direito e economia é um assunto sobre o qual reinam controvérsias e confusão. Definir o assunto é como tentar comer espaguete com uma colher. Direito e economia podem ser positivos, normativos, neoclássicos, institucionais, austríacos – simplesmente, o assunto é pesado por uma infinidade de metodologias e perspectivas concorrentes que não são facilmente distinguíveis[247].

O movimento, como uma análise, segundo demonstrado por Hugo Acciarri, pode ser reformulado em suas conclusões[248], o que é importante para o desenvolvimento deste trabalho, já que permite um ferramental crítico de estudo do modelo regulatório do mercado financeiro, adotando-se a perspectiva da Nova Economia Institucional, conforme será exposto.

4.2. A adoção da abordagem da Nova Economia Institucional
Compreendido o histórico e desenvolvimento da Análise Econômica, para os fins desse trabalho, é necessária a aderência à corrente da Nova Economia Institucional, formulada por Oliver E. Williamson, professor da Universidade de Berkeley, e Douglas C. North, ganhador do Prêmio Nobel de economia de 1993.

---

[246] WEIGEL, Wolfgang. Law and Economics in Austria. In: BOUCKAERT, Boudewijn; DE GEEST, Gerrit. **Encyclopedia of Law and Economics**. Volume I – The History and Metodology of Law and Economics. Massachusetts: Edward Elgar Publishing Inc., 2000. p. 118.
[247] Tradução livre de: "Today, law and economics is a subject over which controversy and confusion reign. Defining the subject is like trying to eat spaghetti with a spoon. Law and economics can be positive, normative, neo-classical, institutional, Austrian – quite simply, the subject is weighed down by a multitude of competing methodologies and perspectives which are not easily distinguishable" (DUXBURY, N. **Patterns of American Jurisprudence**. Oxford: Claredon Press, 2001. p. 314).
[248] ACCIARRI, Hugo A. **Elementos da Análise Econômica do Direito dos Danos**. Coord. Marcia Carla Pereira Ribeiro. São Paulo: Editora Revista dos Tribunais, 2014. p. 246.

A ANÁLISE ECONÔMICA DO DIREITO NA COMPREENSÃO DOS ASPECTOS REGULATÓRIOS...

A teoria identifica a interação entre Economia e Direito sob o prisma das instituições, de modo que o Direito representa ou promove um comportamento a partir do conjunto das regras que prevê e de acordo com o ambiente em que se aplica.

A corrente parte do pensamento de Coase. Ao analisar as consequências das instituições jurídicas nos cenários de existência e inexistência de custos de transação, Coase busca compreender a atividade econômica, os potenciais danos que pode causar e as respectivas responsabilizações[249]. Sua teoria carrega implicações normativas, em virtude de três elementos: (i) a eficiência, (ii) os custos de transação e (iii) as externalidades.

Elege a eficiência econômica como critério para julgar a adequação das instituições jurídicas, o que implica a projeção e escolha entre arranjos sociais, cujos efeitos totais devem ser considerados[250]. A teoria tem como premissa a hipótese de funcionamento dos mercados sem custos de transação, o que significaria que são capazes de resolver problemas envolvendo a delimitação inicial de direitos, "o tipo de ação governamental que os economistas pensavam ser necessária" – como tributação e outras formas de regulação restritiva – é completamente desnecessária, dadas as presunções de seu sistema analítico"[251].

Por outro lado, a presença de custos de transação não implica a regulação das atividades dos causadores de danos, mas sim a busca da imitação de mecanismos de alocação dos mercados por exercícios hipotéticos de subtração dos custos de transação e por análises de custo-benefício. E, por entender que os problemas das externalidades são resolvidos por meio de negociações privadas, extrai que na ausência de custos de transação, os direitos migram espontaneamente para a parte que os valoriza mais, e na presença dos referidos custos, as cortes devem atribuir responsabilidades e direitos de acordo com o que seria o resultado da livre

---

[249] COASE, The problem of social cost. **The Journal of Law and Economics**, v. III, 1960. p. 8.

[250] COASE, The problem of social cost. **The Journal of Law and Economics**, v. III, 1960. p. 44.

[251] COASE, Ronald H. Law and economics at Chicago. **The Journal of Law and Economics**, v. 36, n. 1, 1993. p. 252.

negociação privada na ausência de tais custos, concluindo que o local privilegiado da eficiência é a esfera privada.

A partir dessa compreensão, o desempenho das organizações vai para além dos estudos de estratégia[252], tema complementado anos depois por Williamson. Para ele, uma transação é caracterizada por três fatores: (i) incerteza, em virtude de mudanças do ambiente econômico, (ii) frequência, considerando o número de acordos formalizados entre os agentes institucionais e (iii) especificidade de ativos, tangíveis ou intangíveis. Quanto maior a frequência, a incerteza e a especificidade de ativos, maior a possibilidade de geração de custos de transação e mais se tende à estrutura de governança via integração vertical[253].

Partindo-se deste ponto, as instituições, regras de comportamento, podem ser vistas de duas formas distintas: macro desenvolvimentista, destinada a analisar a origem e a estrutura da instituição; e micro institucional, voltada a analisar as estruturas de governança a partir dos custos de transação (análise de mercado, risco, contratos, oportunismo, hierarquia, incerteza)[254].

Para os objetivos do livro, prepondera o interesse na vertente macro desenvolvimentista.

O Direito possui objetivos sociais pelos quais trabalha, voltados para a organização social, por meio da regulação privada das condutas e instituições, para tornar possível a convivência harmônica dos indivíduos, de modo que conforme os modais construídos pelo Direito, ou seja, os comportamentos desejados, advém os direitos, deveres e punições. Deste modo, cabe ao Estado proporcionar de forma eficiente a maximização do bem-estar dos indivíduos, por meio de um sistema normativo que seja adequado à demanda social com equidade.

---

[252] ARGYRES, N.; ZENGER, T. **Capabilities, transaction costs, and firm boudaries: a dynamics perspective and integration**. Social Science Research Network (SSRN). Disponível em <SSRN> Jun/2008. p. 6.

[253] WILLIAMSON, O. E. **The economic institutions of capitalism: firms, markets, relational contracting**. New York: Free Press, 1985.

[254] AUGUSTO, Cleiciele Albuquerque; SOUZA, José Paulo de. **Estruturas de Governança e Recursos Estratégicos: um estudo sobre a capacidade de resposta às leis ambientais em destilarias no estado do Paraná**. In: RESR, Piracicaba-SP, Vol. 50, Nº 3, p. 411-434, Jul/Set, 2012. p. 414.

O direito é, então, um importante elemento na conformação da sociedade e sua orientação à maximização da riqueza e otimização de sua distribuição. Analisar o Direito conforme critérios e métodos econômicos nada mais é do que procurar elaborá-lo, interpretá-lo e aplicá-lo de modo a alcançar a eficiência econômica, entendida esta como a maximização na geração e distribuição dos recursos materiais disponíveis em uma dada comunidade [...] a análise e aplicação do Direito de forma economicamente eficiente (ou seja, com o objetivo de maximização da riqueza) é não apenas possível, mas é também uma exigência da Constituição Federa de 1988, que a elevou, como se vê, à posição de um dos objetivos fundamentais da República[255].

Nesse sentido, Douglass North, ao estudar as instituições e a influência que exercem no âmbito econômico, questiona as políticas promovidas pelo Estado sem a observância da Economia[256]. Aprofundou seu estudo quanto à natureza das instituições e a respectiva influência que tem no desempenho econômico, bem como na promoção da mudança institucional pela cognição humana como instrumento de análise das políticas atuais de desenvolvimento. Por meio de abordagem cognitiva da história econômica, o autor busca melhorar a compreensão do passado e sugerir diretrizes para as políticas atuais de desenvolvimento.

Seguindo na mesma linha de pensamento de Coase e Williamson, entendeu que se o mundo fosse incutido da racionalidade instrumental e experimentasse mercados eficientes[257] econômica e politicamente, sem

---

[255] PIMENTA, Eduardo Goulart. **Recuperação de empresas: um estudo sistematizado da nova Lei de Falências.** São Paulo: IOB Thompson, 2006. p. 24

[256] NORTH, Douglass C. Economic Performance Through Time. In: **The American Economic Review,** Vol. 84, No. 3 (Jun/1994). p. 359.

[257] Mercados eficientes são aqueles criados "no mundo real, quando a concorrência é forte o suficiente por meio de arbitragem e feedback de informações eficiente para aproximar as condições de custo de transação zero de Coase e as partes podem obter os ganhos do comércio inerentes ao argumento neoclássico" (Tradução livre de: "in the real world when competition is strong enough via arbitrage and efficient information feedback to approximate the Coase zero-transaction-cost conditions and the parties can realize the gains from trade inherent in the neoclassical argument") (NORTH, Douglass C. Economic Performance Through Time. In: **The American Economic Review,** Vol. 84, No. 3 (Jun/1994). p. 360).

SANDBOX REGULATÓRIO

valoração ideológica, haveria a desnecessidade da presença das instituições. Pondera, nesse ponto, que mercados econômicos eficientes são raros de se encontrar e, mercados políticos são impossíveis, pois, "os custos de transação como aqueles especificam o que é trocado e fazem cumprir os acordos, no político significa a troca de votos entre eleitores e legisladores, de modo que o eleitor tem pouco incentivo à informação"[258].

Ou seja, mercados eficientes seriam aqueles criados em um mundo no qual a competição é "forte o suficiente por meio de arbitragem e feedback eficiente de informações para se aproximar das condições do Coase zero-transação-custo e as partes podem perceber os ganhos do comércio inerentes ao argumento neoclássico"[259], o que promoveria a extinção das instituições. Assim,

> Na medida em que se entenda mercado como uma instituição que vise a criar incentivos, reduzir incertezas, facilitar operações entre pessoas, fica clara a ideia de que mercados aumentam a prosperidade e, portanto, o bem-estar geral. Intervenções em mercados podem ser tanto reguladoras quando moderadoras do conjunto de operações neles realizadas. Aquelas são intervenções disciplinadoras de certos mercados, estas as destinadas a corrigir desvios que comprometem o funcionamento do mercado. Se, entretanto, o mercado não for do tipo concorrência perfeita, as falhas devem ser corrigidas. Muitas são as possibilidades de falhas de mercado, como, por exemplo, assimetria de informação, externalidades, displicência, ações culposas. Mas, dizem os economistas, antes mesmo de se pensar em falhas de mercado, ou até mesmo falar-se em mercados, sem normas que os modelem, faltam parâmetros ou paradigmas que permitam perceber tais desvios[260].

[258] NORTH, Douglass C. Economic Performance Through Time. In: **The American Economic Review**, Vol. 84, No. 3 (Jun/1994). p. 361.
[259] Tradução livre do trecho extraído do original: "strong enough via arbitrage and efficient information feedback to approximate the Coase zero-transaction-cost conditions and the parties can realize the gains from trade inherent in the neoclassical argument" (NORTH, Douglass C. Economic Performance Through Time. In: **The American Economic Review**, Vol. 84, No. 3 (Jun/1994). p. 361).
[260] SZTAJN, Rachel. **Teoria jurídica da empresa: atividade empresária e mercados**. São Paulo: Atlas, 2004. p. 34.

A ANÁLISE ECONÔMICA DO DIREITO NA COMPREENSÃO DOS ASPECTOS REGULATÓRIOS...

Por outro lado, os fatores econômicos e políticos são modificados pelas inovações, que são a capacidade de "produzir outras coisas, ou as mesmas coisas de outra maneira, combinar diferentemente materiais e forças, enfim, realizar novas combinações"[261] e produzem efeitos no movimento do sistema capitalista, que "decorre de novos bens de consumo, dos novos métodos de produção ou transporte, dos novos mercados, das novas formas de organização industrial que a empresa capitalista cria"[262], promovendo a destruição criativa, já mencionada no primeiro capítulo deste trabalho.

Dessa forma, "focado no desenvolvimento tecnológico e, mais recentemente, investimento em capital humano"[263], o processo de evolução relaciona o tempo e as mudanças econômico-sociais nas quais o processo de aprendizagem é consolidado e formata as crenças sociais, embasando as escolhas. Nesse sentido, North apresenta um quadro analítico no qual, "o que se retém é o pressuposto fundamental da escassez e, portanto, da competição e das ferramentas analíticas da teoria microeconômica. O que ele modifica é o pressuposto de racionalidade. O que acrescenta é a dimensão do tempo"[264].

Assim, a complexidade "do meio ambiente aumentou à medida que os seres humanos se tornaram cada vez mais interdependentes, estruturas institucionais mais complexas foram necessárias para capturar os ganhos potenciais do comércio"[265].

---

[261] SCHUMPETER, Joseph. **Capitalismo, Socialismo e Democracia**, Zahar Editores S.A., Rio de Janeiro, 1984.

[262] SCHUMPETER, Joseph. **Capitalismo, Socialismo e Democracia**, Zahar Editores S.A., Rio de Janeiro, 1984. p. 112.

[263] Tradução livre de: "focused on technological development and more recently human-capital investment" (NORTH, Douglass C. Economic Performance Through Time. In: **The American Economic Review**, Vol. 84, No. 3 (Jun/1994). p. 359).

[264] Tradução livre de: "what it retains is the fundamental assumption of scarcity and hence competition and the analytical tools of microeconomic theory. What it modifies is the rationality assumption. What it adds is the dimension of time." (NORTH, Douglass C. Economic Performance Through Time. In: **The American Economic Review**, Vol. 84, No. 3 (Jun/1994). p. 359).

[265] Tradução livre de: "of the environment increased as human beings became increasingly interdependent, more complex institutional structures were necessary to capture the potential gains from trade" (NORTH, Douglass C. Economic Performance

SANDBOX REGULATÓRIO

O processo de aprendizagem resulta em determinada taxa que reflete a intensidade da concorrência entre organizações e determina a rapidez da mudança econômica, um processo seletado pela cultura. Do mesmo modo como ocorre com as inovações, o processo regulatório não se mostra necessariamente adequado, apesar do processo evolutivo do conhecimento.

Em que pese a opção regulatória, o grau de inovação característico da atualidade muitas vezes conduz a reflexão a um estágio anterior, qual seja, a conveniência ou não da intervenção regulatória.

O chamado aprendizado coletivo, que consiste na "transmissão no tempo de nosso estoque de conhecimento acumulado"[266] pode interferir na decisão mais acertada quanto a intervir ou não intervir.

O aprendizado coletivo é construído a partir do processo de aprendizagem que engloba: "(i) a maneira como uma determinada estrutura de crenças filtra as informações derivadas de experiências e (ii) as diferentes experiências que confrontam indivíduos e sociedades em diferentes momentos"[267].

No processo, as trocas são essenciais para que os indivíduos não fiquem presos em crenças e instituições que não possuem a capacidade de confronto, desabilitando-as a solucionar os novos problemas decorrentes da complexidade social.

Os incentivos para que se adquira o conhecimento é basilar no processo de crescimento econômico, e se mostra diretamente influenciado pelo grau de tolerância de uma sociedade aos desenvolvimentos criativos, desembocados nas inovações.

Through Time. In: **The American Economic Review**, Vol. 84, No. 3 (Jun/1994). p. 363).

[266] Tradução livre de: "the transmission in time of our accumulated stock of knowledge" (HAYEK, Friedrich A. **The Constitution of Liberty**. Chicago: Chigado University Press, 1960. p. 27).

[267] Tradução livre de: "(i) the way in which a given belief structure filters the information derived from experiences and (ii) the different experiences confronting individuals and societies at different times" (NORTH, Douglass C. Economic Performance Through Time. In: **The American Economic Review**, Vol. 84, No. 3 (Jun/1994). p. 364).

A mudança econômica está diretamente ligada aos processos cognitivos. North[268] explica que a compreensão da mudança econômica passa por três pontos principais: (i) a compreensão das regras formais, informais e características de execução que moldam o desempenho econômico, (ii) as políticas e suas respectivas regras como influência no desempenho econômico e (iii) a eficiência adaptativa e não alocativa, essencial para o crescimento a longo prazo.

Por outro lado, ao autorizar o funcionamento dos negócios de empresas inovadoras para promover o monitoramento dos riscos do mercado por meio da reinvenção da função regulatória que, os reguladores, por meio do Sandbox Regulatório, busca-se promover o desenvolvimento econômico. Considerando que as empresas que estiverem inseridas nessa sistemática podem aproveitar o regime especial para desenvolver suas atividades sem o risco de incorrerem em infrações legais ou regulatórias, esse ambiente procura a melhor performance na curva de aprendizado a respeito das formas de negócio inovadoras para posterior análise regulatória.

A sociedade precisa de instituições que permitam e fomentem a troca anônima e impessoal, seja no tempo ou no espaço, que é o que ocorre com as inovações regulatórias como o Sandbox, já que promovem essas trocas, de modo que quanto mais permitirem aos indivíduos a liberação do potencial produtivo e criativo, mais fomenta o progresso econômico[269].

A adoção do Sandbox Regulatório relaciona-se diretamente à compreensão do ambiente institucional que molda o desempenho econômico. É imprescindível ao sucesso político e econômico que o sistema legal corrobore para o desenvolvimento de "estruturas institucionais flexíveis que podem sobreviver aos choques e mudanças que fazem parte de

---

[268] NORTH, Douglass C. Economic Performance Through Time. In: **The American Economic Review**, Vol. 84, No. 3 (Jun/1994). p. 364.

[269] Assim, "quando as leis, os costumes, a prática social e econômica e as organizações favorecerem a iniciativa individual e a cooperação através de mecanismos impessoais, principalmente garantindo os direitos de propriedade e gerando uma estrutura de preços relativos que premia as atividades produtivas" (BUENO, Newton P. A nova economia institucional e a historiografia clássica do período colonial brasileiro. In: **Anais do V Congresso Brasileiro de História Econômica**. Belo Horizonte: ABPHE, 2003).

uma evolução bem-sucedida", pois: "não sabemos como criar eficiência adaptativa no curto prazo"[270].

A flexibilidade é necessária por racionalizar o uso do capital, alocando-o nas melhores condições de mercado[271]. O Sandbox Regulatório se compatibiliza com as iniciativas de disrupção em relação aos conceitos tradicionais de intervenção, em harmonia com as premissas da Nova Economia Institucional.

4.3. Ponderações regulatórias sob a ótica da Análise Econômica do Direito

Determinada a "apontar implicações das diversas possíveis escolhas normativas"[272], a Análise Econômica se ocupa, também, das previsões das consequências das normas ou auxilia, até mesmo, a formular possíveis normas[273]. A construção da legislação convergente com os fins constitucionais enseja a aplicação do método para promover a apreciação da viabilidade e eficiência[274] do Direito, adotando-se a premissa do individualismo metodológico, atrelada à racionalidade[275].

O individualismo diz respeito ao contexto social no qual são realizadas as escolhas individuais, cujo paralelo pode ser observado nas normas perante o bem-estar coletivo. Nesse sentido, a ênfase na escolha

---

[270] Tradução livre de: "flexible institutional structures that can survive the shocks and changes that are a part of successful evolution (...) We do not know how to create adaptive efficiency in the short run" (NORTH, Douglass C. Economic Performance Through Time. In: **The American Economic Review**, Vol. 84, No. 3 (Jun/1994). p. 367).

[271] DUPAS, Gilberto. **Ética e poder na sociedade da informação: de como a autonomia das novas tecnologias obriga a rever o mito do progresso**. 3. Ed. São Paulo: Editora UNESP, 2011. p. 33.

[272] SALAMA, Bruno Meyerhof. **O que é pesquisa em Direito e Economia?** Cadernos Direito GV, v. 5, p. 4-58, 2008. p. 6.

[273] PINHEIRO, Armando Castelar; SADDI, Jairo. **Direito, Economia e Mercados**. Rio de Janeiro: Elsevier, 2005. p. 88.

[274] SALAMA, Bruno Meyerhof. **O que é pesquisa em Direito e Economia?** Cadernos Direito GV, v. 5, p. 4-58, 2008. p. 20.

[275] MACKAAY, E. Schools: General. In: DE GEEST, G. **Encyclopedia of Law and Economics**, Volume I. The History and Methodology of Law and Economics Cheltenham, Edward Elgar, 2000. p. 408.

dos constrangimentos distingue essa ferramenta de pesquisa da economia convencional, "enquanto a ênfase na interação cooperativa e não conflituosa distingue o programa de grande parte da ciência política convencional"[276].

O racionalismo pressupõe a análise do custo-benefício na busca da satisfação coletiva. Fazendo-se uma analogia, assim como os preços afetam as escolhas no mercado de consumo, a atuação regulatória, vista como um preço, fará com que o agente identifique a sanção como uma restrição externa[277]. Quanto às condutas indesejáveis, "para reduzir a quantidade de tais atividades, simplesmente aumenta-se seus preços através da imposição de multas mais altas ou maior tempo de prisão pelo montante suficiente para induzir o desejado grau de mudança de comportamento"[278].

Nessa linha de raciocínio a Análise Econômica do Direito mostra-se mais uma vez como uma ferramenta essencial porque (i) permite predizer os efeitos a serem produzidos por certas normas; (ii) explica por que existem normas particulares; (iii) permite decidir que regras devem existir[279].

O primeiro nível diz respeito à análise dos efeitos das normas, sendo que "a análise econômica auxilia o jurista a determinar os principais efei-

---

[276] Tradução livre de: "the emphasis on the choice of constraints distinguishes this research program from conventional economics, while the emphasis on cooperative rather than conflictual interaction distinguishes the program from much of conventional political science" (BUCHANAN, J.M. The Domain of Constitutional Economics, **Constitutional Political Economy**, 1-18, 1990. p. 1).

[277] Tradução livre de: "viewed as a price, the actor sees a sanction as an external constraint" (COOTER, R. Expressive Law and Economics. **Journal of Legal Studies**. 1998. p. 2).

[278] Tradução livre de: "to reduce the amount of such activities, one simply raises their prices through the imposition of higher fines or greater jail time by the amount sufficient to induce the desired degree of behavioral change" (para maximizar sua satisfação, respondendo racionalmente a incentivos e desincentivos externos) (MERCURO, N.; MEDEMA, S.G. **Economics and the Law:** From Posner to PostModernism. Princenton University Press, 1999. p. 58).

[279] FRIEDMAN, David D. Law's Order – What Ecomics Has to Do with Law and Why it Matters, Princeton, **Princeton University Press**, 2000. p. 11.

tos da mudança da regra e, por ricochete, os efeitos da regra que não foi modificada"[280].

No segundo nível, o método "visa a esclarecer um fundamento das regras que são observadas nos sistemas existentes"[281], de modo que a dificuldade reside na necessidade de colocar sob um denominador comum "efeitos de natureza variável e aos quais os agentes econômicos afetados podem ligar, subjetivamente, valores variáveis"[282], ou seja, avaliar o bem-estar global da sociedade como a soma do bem-estar de cada um dos agentes.

Esse último ponto gera debates sobre eficiência[283], devendo observar-se que o "critério Kaldor e Hicks se impôs no discurso econômico fundado no modelo neoclássico para avaliar políticas"[284] por defender a configuração econômica eficiente a partir de uma análise que passa por elementos quantitativos e instrumentos lógico-matemáticos para aceitar uma mudança social, mesmo quando o incremento do bem-estar de uma parte cause a redução do bem-estar de outra, mas com a manutenção do grau de satisfação do agente afetado por meio de uma recompensa ou compensação[285].

Já o terceiro nível de análise normativa diz respeito à manifestação sobre as regras existentes ou as que poderiam ser adotadas, de modo a "estabelecer os efeitos da norma e a julgá-la"[286], determinando qual seria a mais eficiente e comparando-a à regra existente/considerada.

---

[280] MACKAAY, Ejan; ROUSSEAU, Stéphane. **Análise Econômica do Direito**. 2. Ed. São Paulo: Atlas, 2015. p. 666.

[281] MACKAAY, Ejan; ROUSSEAU, Stéphane. **Análise Econômica do Direito**. 2. Ed. São Paulo: Atlas, 2015. p. 668.

[282] MACKAAY, Ejan; ROUSSEAU, Stéphane. **Análise Econômica do Direito**. 2. Ed. São Paulo: Atlas, 2015. p. 668.

[283] Conforme já pontuado na Nota nº 48.

[284] MACKAAY, Ejan; ROUSSEAU, Stéphane. **Análise Econômica do Direito**. 2. Ed. São Paulo: Atlas, 2015. p. 666.

[285] STRINGHAM, Edward. Kaldor-Hicks efficiency and the problem of central planning. **The Quarterly Journal of Austrian Economics**, vol. 4, n. 2, p. 41-50, 2001. p. 47.

[286] MACKAAY, Ejan; ROUSSEAU, Stéphane. **Análise Econômica do Direito**. 2. Ed. São Paulo: Atlas, 2015. p. 669.

No caso do Sandbox Regulatório, especificamente no mercado financeiro, os efeitos devem ser analisados a partir do desalinhamento dos incentivos, conforme explica Stiglitz:

A regulamentação é necessária porque os custos e benefícios sociais e privados e, portanto, os incentivos, estão desalinhados. Esse desalinhamento leva a problemas não apenas no curto prazo, mas também no longo prazo. Os incentivos para inovar são distorcidos. O sistema financeiro da América tem sido altamente inovador, mas em grande medida a inovação tem sido direcionada recentemente para contornar as leis e regulamentos criados para garantir a eficiência, a equidade e a estabilidade do setor financeiro. Corretoras, bancos e seguradoras, entre outros, têm se envolvido, com efeito, na arbitragem contábil, tributária e regulatória. Mas nosso sistema financeiro não inovou de maneiras verdadeiramente importantes que permitiriam aos americanos gerenciar melhor os riscos que enfrentam – falhando até mesmo em ajudar a gerenciar o risco relativamente simples de financiar o ativo mais importante da maioria das pessoas, sua casa[287].

Isso ocorre em virtude da distorção do desenho de estruturas e sistemas regulatórios, que deixam de levar em consideração três aspectos essenciais, quando se refere à inovação: (i) assimetrias de informação, pois o regulador frequentemente está em desvantagem informacional em relação ao regulado; (ii) risco moral, pois há problemas em garantir

---

[287] Tradução livre de: "Regulation is necessary because social and private costs and benefits, and therefore incentives, are misaligned. This misalignment leads to problems not only in the short term, but also in the long term. Incentives to innovate are skewed. America's financial system has been highly innovative, but to a large extent the innovation has recently been directed to circumvent the laws and regulations created to ensure the efficiency, equity and stability of the financial sector. Brokers, banks and insurance companies, among others, have been involved, in effect, in accounting, tax and regulatory arbitration. But our financial system has not innovated in truly important ways that would allow Americans to better manage the risks they face — failing even to help manage the relatively simple risk of financing most people's most important asset, their home" (STIGLITZ, J. Regulation and Failure, New Perspectives on Regulation. **The Tobin Project**, 2009. Disponível em <https://www.tobinproject.org/sites/tobinproject.org/files/assets/New_Perspectives_Ch1_Stiglitz.pdf> Acesso em 03 de julho de 2021).

SANDBOX REGULATÓRIO

que o comportamento de um regulador seja consistente com o bem-estar social; e (iii) falibilidade humana, pois os erros são inevitáveis e é necessário minimizar os custos de tais erros.

Nesse sentido, regulamentações bem elaboradas levam em consideração as limitações de implementação e aplicação. Assim, Stiglitz explica que, embora nenhum sistema regulatório seja perfeito, as economias com regulamentações projetadas adequadamente podem ter um desempenho melhor do que aquelas com regulamentação inadequada[288]. As regulamentações podem melhorar os mercados e proteger aqueles que, de outra forma, poderiam sofrer em mercados não regulamentados.

Como visto, no mercado financeiro, organizações internacionais focam em abordagens padronizadas para a formação de instrumentos de controle que possam melhorar a estabilidade e transparência dos mercados financeiros e prevenir possíveis crises, como ocorre, por exemplo, com a Organização Internacional da Comissão de Valores Mobiliários. A eficiência regulatória é definida de acordo com a proporção de resultados das medidas tomadas pelo regulador e das metas e objetivos por ele fixados[289].

No que diz respeito às inovações, as instituições que pertencem ao setor financeiro devem ser consideradas com especial atenção em virtude da complexidade inerente ao ambiente, a mercantilização das inovações, potenciais distorções informacionais e altos custos, podendo gerar interconexões imprevistas e não detectadas dentro e entre os mercados financeiros e as instituições.

Por outro lado, na medida em que a inovação financeira é empregada como uma resposta reflexiva às mudanças no ambiente regulatório vigente, tanto a inovação quanto a regulação gerada podem ser vistas

---

[288] STIGLITZ, J. Regulation and Failure, New Perspectives on Regulation. **The Tobin Project**, 2009. Disponível em <https://www.tobinproject.org/sites/tobinproject.org/files/assets/New_Perspectives_Ch1_Stiglitz.pdf> Acesso em 03 de julho de 2021.

[289] HILBERS, Paul; RAAIJMAKERS, Karina; RIJSBERGEN, David R.; VRIES, Femke. Measuring the Effects of Financial Sector Supervision (August 27, 2013). **De Nederlandsche Bank Working** Paper No. 388, Disponível em <https://ssrn.com/abstract=2321591> Acesso em 08 de agosto de 2021.

como fatores que fomentam a complexidade dos mercados financeiros modernos.

Os efeitos das inovações podem ser devastadores, considerando a possibilidade de comportamentos oportunistas baseados na desinformação aptos a gerar riscos sistêmicos.

De outro lado, o ritmo das inovações torna mais complexo para os reguladores policiarem efetivamente os mercados financeiros e, considerando a já trabalhada fragmentação regulatória, é difícil localizar e monitorar riscos potenciais. Enquanto isso, interconexões não detectadas entre mercados e instituições podem contribuir com a fragilidade e aumentar o potencial de crise, agravado pela reflexividade na medida em que seus efeitos de *feedback* de auto reforço conduzem à formação de bolhas de ativos. Nesse cenário, a inovação financeira pode se apresentar como uma fonte de vulnerabilidade.

Por esse motivo, a Análise Econômica do Direito serve "para iluminar problemas jurídicos e para apontar implicações das diversas possíveis escolhas normativas"[290], podendo abordar a situação-problema de maneira positiva, ocupando-se das previsões das consequências das normas jurídicas ou de forma normativa, ao formular possíveis normas com base nos efeitos econômicos[291].

Nesse aspecto é que se observa que um dos pontos que pode sustentar o subdesenvolvimento de uma nação está no ambiente de assimetria estrutural que se perpetua em função de alguns elementos[292], como as condições históricas, a matriz institucional pré-existente e os altos custos de tecnologia. Já que o sistema econômico pressupõe a existência de dispositivos de coordenação e certa unidade de propósitos e comando, como as vias regulatórias demonstram, o comportamento dos agentes econômicos somente é possível através da análise da arquitetura das estruturas sociais e a sua influência econômica.

---

[290] SALAMA, Bruno Meyerhof. **O que é pesquisa em Direito e Economia?** Cadernos Direito GV, v. 5. p. 4-58, 2008. p. 6.

[291] PINHEIRO, Armando Castelar; SADDI, Jairo. **Direito, Economia e Mercados**. Rio de Janeiro: Elsevier, 2005. p. 88.

[292] FURTADO, Celso. O subdesenvolvimento revisitado. **Revista Economia e Sociedade**. Instituto de Economia UNICAMP, v. 1, p. 5-19, 1992.

SANDBOX REGULATÓRIO

A mudança institucional defendida por North, através da cognição humana para analisar as políticas atuais de desenvolvimento é essencial para desenhar o estudo do próximo tópico, que foca nas instituições e seus processos de evolução econômica por meio das regras, relações políticas e preceitos de desenvolvimento econômico, para chegar ao estudo de caso do Sandbox Regulatório.

5.
A MUDANÇA INSTITUCIONAL

O capítulo se propõe a estudar as instituições, de modo a compreender seu papel no fomento dos processos de evolução econômica por meio das regras, relações políticas e preceitos de desenvolvimento econômico, para fundamentar a compreensão do instituto do Sandbox Regulatório no Mercado Financeiro no próximo tópico.

5.1. A perspectiva do Direito

Instituição pode significar: (i) o ato ou efeito de criar, fundar, estabelecer, (ii) o ato ou efeito de organizar, ordenar ou (iii) costumes e estruturas sociais que modelam práticas aceitas em determinado núcleo social. Apesar dos diferentes conceitos, a palavra une um centro comum: conjunto de princípios e regras que configuram relações sociais ou grupo de relações sociais[293]. Especificamente no aspecto jurídico, instituição indica unidade, como o ordenamento jurídico na condição de pilar lógico-normativo, levando em consideração a duração e a continuidade da construção sistemática da disciplina.

Por outro lado, Direito e sociedade são indissociáveis[294], motivo pelo qual as instituições podem originar conflitos entre o Estado e a sociedade, devido aos elementos de subjetivismo e objetivismo como formas que se convertem, continuamente, uma na outra e são, por isso, vitais para a rea-

---

[293] ZYLBERSZTAJN, Decio; SZTAJN, Rachel. **Direito e Economia**. Rio de Janeiro: Elsevier, 2005. p. 207.
[294] MODUGNO, Franco. Istituzione. In: **Enciclopedia del Diritto**. vol XXIII, Giuffrè Editore.

SANDBOX REGULATÓRIO

lidade jurídica[295]. Nesse sentido, "o jurista considera que uma instituição é uma ideia de trabalho que se concretiza e persiste juridicamente em dado ambiente social e para cuja realização é organizado um poder que lhe fornece os órgãos"[296], de modo que, o grupo social interessado possa se manifestar, direcionando-se aos órgãos competentes, mediante o cumprimento de determinados procedimentos.

As sociedades civis, por exemplo, constituem organizações que desenham instituições baseadas em regras de regularidade dos comportamentos que facilitam as relações intersubjetivas, conforme consolida Jean Jacques Rousseau em sua obra sobre o Contrato Social. Essa obra explicita que a força não cria Direito e que obedecê-lo é um ato de renúncia à liberdade em virtude da necessidade[297].

Tem-se, portanto, a instituição com o conceito de normas de organização das atividades a serem seguidas por um determinado grupo de pessoas, mediante a distribuição de competências e exercício de poder para realizar e, ao Direito, cabe o reconhecimento do objeto disciplinado, considerando o seu tempo de duração na sociedade.

Por esse motivo, o ordenamento jurídico, como instituição social, pode ser considerado um modo de ser da realidade social, cabendo à sociedade definir o fato e o elemento normativo. Assim, o ordenamento é mais do que a mera reunião de normas jurídicas, pois "a norma é um epifenômeno resultante da organização, estrutura e posição na sociedade, sendo ela mesma uma instituição"[298], que podem ser positivadas ou consuetudinárias.

A instituição é uma práxis efetiva[299] e a norma é a condição de validade se a sua formulação for condição de possibilidade ou autorizada por uma

---

[295] HAURIOU, Maurice. **Teoria dell'istituzione e della fondazione.** Tradução italiana. Giuffrè Editore, 1967.

[296] ZYLBERSZTAJN, Decio; SZTAJN, Rachel. **Direito e Economia.** Rio de Janeiro: Elsevier, 2005. p. 208.

[297] ROUSSEAU, Jean Jacques. **O contrato social.** In: Oeuvres completes, tome III. Collection "Pléíade". Paris: Gallimard, 1757. p. 360.

[298] MODUGNO, Franco. Istituzione. In: **Enciclopedia del Diritto.** vol XXIII, Giuffrè Editore.

[299] NORME, La Torre M. **Istituzioni:** Per una teoria istituzionalista del diritto. Editore Laterza 1999. p. 142.

das normas (de condição de possibilidade). Pode-se considerar, nesse cenário, que o Direito possui importância secundária diante das normas institucionais de organização social, motivo pelo qual deveria absorver quaisquer mudanças e, consequentemente, refleti-las.

As instituições como normas sociais que desenham um corpo de regras, não se confundem com instituições que refletem o processo constitutivo do Direito e, nesse ponto é que se incorporam as mudanças institucionais, por meio da ordenação do complexo de relações no tempo e no espaço.

O Direito como ordenamento deve considerar as transformações institucionais como resultado de mudanças sociais, seja por meio da tecnologia ou do desenvolvimento cognitivo dos conhecimentos que criam novas necessidades e demandam outra formulação normativa para compor o ordenamento jurídico como conjunto de normas jurídicas vigente. Por exemplo, a globalização e a intensificação da importância da informação como poder[300] e, por esse motivo, ferramenta indispensável da reprodução econômica por meio da tecnologia, promove o desenvolvimento de *softwares* e da irradiação da informática por meio dos dispositivos pessoais.

Esses fatores de mudanças não apenas modificam a produção e as atividades econômicas em seu conjunto, mas consequentemente a cultura e a maneira como se organiza e se concebe a vida em geral[301]. Os progressos dos meios de comunicação (correios, jornais, mídias, recursos eletrônicos, etc.) alargam os mercados[302], local no qual as pessoas, mediante bens ou serviços, realizam trocas interessadas ou, ainda, local no qual os compradores potenciais buscam se apresentar frente à pessoa ou às pessoas que tenham bens ou serviços a oferecer[303]. A tecnologia da informação, portanto, assume liderança que constitui uma supremacia exercida por meio de circulação de conhecimentos, por imediata conexão

---

[300] Araújo, Fernando. **Teoria Econômica do Contrato**. Coimbra: Almedina, 2007, p. 553.

[301] Dupas, Gilberto. **Ética e poder na sociedade da informação: de como a autonomia das novas tecnologias obriga a rever o mito do progresso**. 3. Ed. São Paulo: Editora UNESP, 2011. p. 38.

[302] Mackaay, Ejan; Rousseau, Stéphane. **Análise Econômica do Direito**. Tradução Rachel Sztajn. 2. Ed. São Paulo: Atlas, 2015. p. 94.

[303] Mackaay, Ejan; Rousseau, Stéphane. **Análise Econômica do Direito**. Tradução Rachel Sztajn. 2. Ed. São Paulo: Atlas, 2015. p. 93.

entre produção, mercado e contribuição para valorização do capital por meio de redes que vinculam a produção da ciência e os espaços do uso na *internet*[304].

Zysman considera as tecnologias como processos de mercado e sua raiz local, fundamentados na troca[305], que "como transferência de um bem ou fornecimento de um serviço mediante contrapartida semelhante, constitui uma das relações essenciais que os seres humanos podem estabelecer entre si"[306], de modo que fundamentam os processos de aprendizagem que dirigem o desenvolvimento formado pela comunidade e pela estrutura institucional.

Porém, essas mudanças institucionais nem sempre se encontram refletidas nas normas de Direito positivo, que, por vezes, se choca com questões éticas e morais, elementos que podem reduzir a velocidade das alterações normativas e impor morosidade na recepção de novas experiências. Atrelado a esse problema, ainda há o risco da captura[307], visto que o sistema legislativo torna possível o favorecimento de grupos de pressão[308].

---

[304] DUPAS, Gilberto. **Ética e poder na sociedade da informação: de como a autonomia das novas tecnologias obriga a rever o mito do progresso**. 3. Ed. São Paulo: Editora UNESP, 2011. p. 41.

[305] ZYSMAN, J. **How Institutions Create Historically Rooted Trajectories of Growth**. Oxford University Press, 1994. p. 242-283.

[306] MACKAAY, Ejan; ROUSSEAU, Stéphane. **Análise Econômica do Direito**. Tradução Rachel Sztajn. 2. Ed. São Paulo: Atlas, 2015. p. 93.

[307] Que seria a alteração das finalidades previstas legalmente para obtenção de privilégios.

[308] No mecanismo do processo eleitoral, devem ser considerados os seguintes elementos: (i) os atores (o corpo eleitoral e os candidatos), (ii) o instrumento (os partidos políticos) e (iii) os elementos poluentes (os *lobbies*, grupos de pressão ou grupos de especial interesse, o marketing político, o poder econômico e a máquina estatal); que se inter-relacionam (SILVA, Raphael José De Oliveira. **O financiamento da política no Brasil: as pessoas jurídicas e sua participação**. 2016. 251 f. Dissertação (Mestrado em Direito do Estado) – Faculdade de Direito da Universidade de São Paulo, São Paulo, 2016. Disponível em: <http://www.teses.usp.br/teses/disponiveis/2/2134/tde-13092016-004308/pt-br.php >. Acesso em: 08 mar. 2021). Neste cenário, os "grupos de pressão" enquanto um conjunto de indivíduos que "compartilham das mesmas ideias e interesses, buscando um objetivo comum" (MINISTÉRIO DA JUSTIÇA. **Série Pensando o Direito**: Grupos de Interesses (lobby). n. 8. 2009. Disponível em <http://pensando.mj.gov.br/wp-content/uploads/2015/07/08Pensando_Direito1.pdf>. Acesso em 20 jan de 2021), podem ser com-

A MUDANÇA INSTITUCIONAL

Por meio da pressão desses grupos, a reformulação normativa pode ser influenciada e enviesada, o que pode ocasionar descompasso entre as práticas sociais e as normas positivadas. O que gera um problema ao sistema normativo, instituição social que abarca o Direito positivado e as normas sociais e costumeiras, visto que o Direito é um conjunto de normas que regulam o uso da força coativa[309] por meio de um sistema de prêmios e punições como respostas às condutas humanas que visa a dar estabilidade às relações sociais.

5.2. A perspectiva da Economia

Sob a perspectiva econômica, também são analisadas as instituições. Douglass C. North, parte da natureza das instituições e da forma como elas afetam o desempenho econômico com o passar do tempo, para enfrentar a promoção da mudança institucional por meio da ciência cognitiva[310]. North destaca a aprendizagem humana, utilizando-se de uma abordagem cognitiva da história econômica, como instrumento de melhora da compreensão do passado e suas implicações para as políticas de desenvolvimento.

5.2.1. Vertentes da Economia Institucional

Aqui cabe uma breve exposição sobre as principais vertentes nessa linha de pensamento. Parte-se de alguns autores da velha economia institucional (VEI) – Veblen, Commons e Mitchell – e da nova economia institucional (NEI) – North, Coase e Williamson, para chegar aos institucionalistas contemporâneos como Hodgson e Chang, que transitam de modo fluído entre os conceitos de instituição como regras do jogo, modelos mentais e organizações.

---

preendidos como "associação de indivíduos ou organizações ou uma instituição pública ou privada que, com base em um ou mais preocupações ou interesses compartilhados, tenta influenciar a política pública a seu favor" (THOMAS, Clive S. **Research Guide to U.S. and International Interest Groups**. Westport: Praeger, 2004. p. 29).

[309] BOBBIO, Norberto. **O Positivismo Jurídico**: lições da filosofia do Direito. São Paulo: Ícone, 1995. p. 155.

[310] NORTH, Douglass C. Economic Performance Through Time. In: **The American Economic Review**, Vol. 84, No. 3 (Jun., 1994), pp. 359-368. Disponível em <http://www.jstor.org/stable/2118057> Acesso em 12 de outubro de 2017.

SANDBOX REGULATÓRIO

Veblen compreende as instituições como hábitos mentais, que seriam métodos habituais de dar continuação ao modo de vida da comunidade em contato com o ambiente material no qual ela vive[311]. Mitchell entende as instituições como hábitos mentais, entidades psicológicas e de ação predominantes dentre as comunidades sob observação[312]. Commons, por sua vez, baseou seu argumento nos conceitos de escassez e transação, o que o colocou no posto de mais importante institucionalista americano sob o ponto de vista dos novos institucionalistas[313], de modo que desenvolveu sua teoria retomando a ideia de David Hume de que a escassez de recursos levaria ao conflito de interesses[314]. Defende que, na busca da circunstância universal, comum a todo comportamento conhecido como institucional, deve-se definir uma instituição como a ação coletiva em controle, liberação e expansão da ação individual[315].

Com o advento do conceito de custos de transação, Coase lança as bases da Nova Economia Institucional, conforme já analisado no capítulo anterior, embora North e Williamson tenham utilizado tal conceito de forma diversa[316]. Assim, considerando os custos de transação como "o custo de usar o mecanismo de preços" ou "o custo de se levar uma transação adiante através de uma troca no mercado"[317], custos envolvidos numa transação econômica, como a pesquisa de preços, os contratos, bem como o próprio conhecimento do mercado, Coase identificou esses mecanismos de alocação de recursos com as instituições que, segundo o

[311] VEBLEN, T. **A teoria da classe ociosa**: um estudo econômico das instituições. São Paulo: Nova Cultural, 1988. p. 89.

[312] MITCHELL, W. The rationality of economic activity: I. **The Journal of Political Economy**, v. 18, n. 2, p. 97-113, fev. 1910. p. 112.

[313] FURUBOTN, E.; RICHTER, R. Institutions and economic theory: the contribution of the new
institutional economics. 2 ed. Ann Arbor: **The University of Michigan Press**, 2005. p. 41.

[314] COMMONS, J. Institutional economics. **American Economic Review**, v. 21, p. 648-657, 1931.

[315] COMMONS, J. Institutional economics. **American Economic Review**, v. 21, p. 648-657, 1931.

[316] NORTH, D. Institutions and economic theory. **American Economist**, v. 36, n. 1, 1992. p. 6.

[317] COASE, R. The new institutional economics. **The American Economic Review**, v. 88, n. 2, p.72-76, mai. 1998. p. 76.

A MUDANÇA INSTITUCIONAL

autor, seriam justamente a firma, o mercado e o Estado. Sendo assim, o papel de uma instituição no mundo econômico de Coase é o de redutor dos custos de transação existentes[318].

Williamson, seguindo Coase, compreendeu instituições como firmas, mercados e relações contratuais[319], de modo que, no mundo econômico, considerou os indivíduos oportunistas (busca pelo auto interesse) e limitados cognitivamente, necessitando das instituições como as firmas, os mercados e as relações contratuais como formas de reprimir o comportamento oportunista e de apoiar as escolhas[320], servindo de complemento[321] computacional[322].

North, que guiará o presente tópico deste trabalho, adotou as ideias de custos de transação e de racionalidade limitada, mas no âmbito das modificações na matriz institucional e do Estado, em abordagem voltada à temática do desenvolvimento econômico. É a definição de instituição mais referida e aceita, pois o doutrinador entende as instituições como as regras do jogo em uma sociedade, conceituando-as como restrições humanamente concebidas que estruturam as interações políticas, econômicas e sociais. Consiste tanto em restrições informais (sanções, tabus, costumes, tradições, e códigos de conduta), quanto em restrições formais (constituições, leis, direitos de propriedade)[323].

Por fim, para os institucionalistas contemporâneos, tem-se, com Hodgson, as instituições como regras, restrições, práticas e ideias que podem

---

[318] CAVALCANTE, Carolina Miranda. A Economia Institucional e as Três Dimensões das Instituições. **Revista de Economia Contemporânea** (2014) 18(3). p. 379.

[319] WILLIAMSON, O. Transaction cost economics. In: WILLIAMSON, O. **The economic institutions of capitalism**. London: The Free Press, 1985. p. 15.

[320] CAVALCANTE, Carolina Miranda. A Economia Institucional e as Três Dimensões das Instituições. **Revista de Economia Contemporânea** (2014) 18(3). p. 380.

[321] Simon também entendeu que a racionalidade limitada são "as limitações cognitivas do agente que toma decisões – limitações tanto do conhecimento quanto da capacidade computacional (SIMON, H. From substantive to procedural rationality. In: HAHN, F.; HOLLIS, M. (Eds.) Philosophy and economic theory. Oxford: **Oxford University Press**, 1979. p. 65).

[322] Computacional diz respeito à metáfora utilizada do método heurístico na compreensão daquilo que se passa no interior da mente, para simular o processo cognitivo.

[323] NORTH, D. Institutions. **The Journal of Economic Perspectives** (1986-1998), v. 5, n. 1, 1991. p. 97.

SANDBOX REGULATÓRIO

moldar as preferências dos indivíduos, pois as considera tipos de estruturas que mais importam no domínio social, já que compõem o material da vida social[324]. Considera que devem ser definidas como sistemas de regras sociais estabelecidas e prevalecentes que estruturam as interações sociais – nesse sentido, linguagem, dinheiro, lei, sistema de pesos e medidas, maneiras à mesa, firmas (e outras organizações) são, portanto, instituições[325] – e reforçam o comportamento individual pelo hábito.

Já Chang e Evans entendem que as instituições são mecanismos que possibilitam o alcance de finalidades que requerem coordenação supraindividual e que são constitutivas dos interesses e visões de mundo dos atores econômicos[326]. Assim, são persistentes e estáveis, o que não implica sua imutabilidade, uma vez que são os homens que modificam as instituições[327].

5.2.2. Entre equilíbrio e mudança: eficiência adaptativa

Adota-se como marco teórico, portanto, North, que explica as instituições como regras do jogo, enquanto as organizações são as equipes que jogam o jogo[328]. Aqui cabe diferenciar essa conceituação da doutrina de Riker que as compreende como regra de comportamento[329], Schotter como padrões de comportamento[330] e Ostron como comportamentos induzidos pelas regras, mas que não afetam necessariamente o com-

---

[324] HODGSON, G. What are Institutions? **Journal of Economic Issues**, v. 40, n. 1, mar. 2006. p. 2.

[325] HODGSON, G. What are Institutions? **Journal of Economic Issues**, v. 40, n. 1, mar. 2006. p. 2.

[326] CHANG, H. J.; EVANS, P. The role of institutions in Economic Change. In: DYMSKI, G.; PAUL, S. (Eds.) Re-imagining Growth. London: **Zed Press**, 2005. p. 92.

[327] CHANG, H. J.; EVANS, P. The role of institutions in Economic Change. In: DYMSKI, G.; PAUL, S. (Eds.) Re-imagining Growth. London: **Zed Press**, 2005. p. 92.

[328] NORTH, D. Institutions, institutional change and economic development. **Press Syndicate of the University of Cambridge**, 1991.

[329] RIKER, W. H. Implications from the disequilibrium of majority rule for the study of institutions. In: Ordeshook PC, Shepsle KS, eds. **Political Equilibrium** 3-24. Kluver-Nijhoff, 1982.

[330] SCHOTTER, A. The economic theory of social institutions. **Cambridge University Press,** 1981.

A MUDANÇA INSTITUCIONAL

portamento[331]. Para Ostron, instituições afetam a estrutura da situação – ponto importante para considerar as mudanças institucionais que não alteram regras formais na visão de instituições, como conjuntos de regras que criam conjuntos de ações.

Ainda, para a Nova Economia Institucional, deve-se considerar que North destaca o papel das instituições na redução de incerteza nas relações sociais, ao passo que Williamson entende esse papel na redução de conflito nas relações sociais.

North admite a existência de instituições formais e instituições informais, sendo que o processo de mudança de cada um desses conjuntos difere em função da sua natureza. Ambas são "criadas pelos indivíduos para servir de restrição à sua própria ação, permitindo a interação social"[332], de modo que os indivíduos respeitam as regras em virtude da possibilidade de incorrer em sanções.

A importância desse posicionamento e das referidas instituições reside no fato de que, considerando o agente econômico como um indivíduo limitado cognitivamente e oportunista, o seu interesse próprio é freado pelas sanções postas em sua maior parte pelo Estado – que é uma organização, diferentemente da instituição que é esse conjunto de regras.

Por outro lado, a diferença básica entre instituições formais e informais é que as primeiras são produto de processo de escolha deliberada dos atores e, portanto, de percepção facilitada, pois "os atores são reconhecíveis, a arena é delimitada, as regras da decisão preestabelecidas, enquanto na mudança informal não é fácil identificar quais são os atores, quais as regras de decisão e quais as alternativas disponíveis"[333].

Por esse motivo, é preciso considerar o equilíbrio institucional, defendido por North, na busca de situação na qual nenhum dos agentes esteja interessado em alinhar recursos para alterar os acordos, o que não implica, necessariamente, eficiência, mas sim no conceito de satisfatório

---

[331] OSTRON, E. An agenda for the study of institutions. **Public Choice**. 1986. p. 48:3–25.
[332] CAVALCANTE, Carolina Miranda. A Economia Institucional e as Três Dimensões das Instituições. **Revista de Economia Contemporânea** (2014) 18(3). p. 380.
[333] ZYLBERSZTAJN, Decio; SZTAJN, Rachel. **Direito e Economia**. Rio de Janeiro: Elsevier, 2005. P. 214.

SANDBOX REGULATÓRIO

de Williamson[334]. North argumenta que as instituições existem porque há incerteza e, nesse cenário, não há como desvendar de forma absoluta o problema, o que leva à eficiência adaptativa, por meio de estrutura institucional que promove experimentos e inovações.

A eficiência adaptativa é um conceito dinâmico, que defende que uma matriz institucional deve ter flexibilidade para se adaptar às condições sempre mutáveis da realidade[335], o que depende do estabelecimento de relações democráticas, do incentivo ao conhecimento produtivo e da garantia das liberdades individuais. Assim, para o sucesso político e econômico, o sistema deve desenvolver "estruturas institucionais flexíveis que podem sobreviver aos choques e mudanças que fazem parte de uma evolução bem-sucedida (...) Não sabemos como criar eficiência adaptativa no curto prazo"[336].

A compreensão dessa estrutura institucional de regras do jogo que busca a redução de incertezas e conflitos nas relações sociais é importante para analisar os riscos e a complexidade regulatória que originaram o ambiente propício para a criação do Sandbox Regulatório no mercado financeiro, já que se trata de um novo instrumento de regulação compatível com a evolução de novas tecnologias. Sendo um instrumento por meio do qual o regulador confere uma autorização temporária para que determinadas empresas exerçam suas atividades com um desconto regulatório em relação à regulamentação vigente, busca o equilíbrio institucional defendido por North, no qual os agentes não procurem alinhar recursos para alterar os acordos, mas sim promover a tecnologia e a inovação, por meio da eficiência adaptativa, ao permitir a modelação às con-

---

[334] WILLIAMSON, O. The Economics of Governance: framework and implications. In: Langlois RN, ed. Economics as a Process: Essays in the New Institutional Economics. **Cambridge University Press,** 1986; pp. 171–202.

[335] ENGERMAN, S. L.; SOKOLOFF, K. L. Institutional and non-institutional explanations of economic differences. Cambridge, MA: **National Bureau of Economic Research,** 2003, p. 46.

[336] Tradução livre de: "flexible institutional structures that can survive the shocks and changes that are a part of successful evolution (...) We do not know how to create adaptive efficiency in the short run" (NORTH, Douglass C. Economic Performance Through Time. In: **The American Economic Review,** Vol. 84, No. 3 (Jun/1994), p. 367).

dições mutáveis da realidade, conforme a mudança institucional que será explorada.

5.3. Entre fontes e resistência: a mudança institucional
Se por um lado tem-se na incerteza a principal razão para a existência das instituições e a estabilidade como a garantia de subsistência, as regras instáveis e discricionárias não se enquadram como instituições, de modo que North definiu que a "estabilidade é garantida por um conjunto complexo de restrições que incluem regras formais aninhadas em uma hierarquia, onde cada nível representa uma mudança mais custosa que a do anterior"[337]; por outro lado tem-se na estabilidade uma lacuna de ineficiência. Esse dilema perpassa a literatura da economia institucional e recoloca a ideia do equilíbrio institucional, por meio da estabilidade que reduz a incerteza, mas da mudança que impõe a eficiência adaptativa, reformulando as estruturas institucionais com o objetivo de potencializar o desempenho econômico.

Instituições como criações dos seres humanos, que podem ser aprimoradas e modificadas também por seres humanos, exige a análise da escolha individual, que inclui a incerteza e racionalidade limitada. Nesse ponto cabe relembrar o que já fora exposto no tópico 3 do presente trabalho, que apresentou a teoria Williamson[338] no que diz respeito à racionalidade classificada em três níveis: (i) forte, de acordo com a teoria neoclássica, a qual preconiza que a visão maximizadora dos agentes econômicos os capacita para a absorção e o processamento de toda a informação disponível; (ii) limitada, o que explica os custos de transação decorrentes da incompletude racional dos agentes; e (iii) orgânica, conforme a teoria evolucionista que entende os agentes como incapazes de antecipar os problemas de adaptação.

---

[337] NORTH, D. Institutions, institutional change and economic development. **Press Syndicate of the University of Cambridge,** 1991.

[338] WILLIAMSON, Oliver E. Transactions Costs Economics. In **Handbook of Industrial Organization,** Volume I, Edited by R. Schmalensee and R.D. Willig, Elsevier Science Publishers B.V., 1989. Disponível em <https://www.sciencedirect.com/science/article/B7P5S-4FD79WP-6/2/0914fe6c6d1a529986597138e2e304f2> Acesso em 01 de março de 2021.

SANDBOX REGULATÓRIO

O agente com a racionalidade forte é perfeitamente racional e integralmente informado, adquire e processa as informações livres das distorções da racionalidade limitada; enquanto o agente com a racionalidade limitada busca compreender as reformulações em um sistema de conexões complexo e, para tanto, precisa investir na captação e análise de informações.

Sabe-se que os agentes, na Economia Institucional, não possuem conhecimento perfeito e, muito menos, são capazes de processar plenamente as informações imperfeitas que detêm, motivo pelo qual analisam a realidade de acordo com as suas percepções, o que leva à forma incremental das mudanças institucionais, por meio de alterações tímidas com inovações que ocorrem através de processos que buscam melhorias na margem[339], já que, mesmo quando as regras formais mudam, as informais podem seguir vigentes por um longo período de tempo.

As mudanças formais demandam os preços do conhecimento, reconfigurando o cenário de oportunidades e proporcionando um bom desempenho. Nesse ponto, as inovações tecnológicas geradas no bojo das organizações são essenciais na busca de eficiência adaptativa. As trajetórias tecnológicas, em tese, só poderiam ser definidas com relação à uma sociedade particular, pois são restrições sociais. Esses fatores são traduzidos pelas inovações como a capacidade de "produzir outras coisas, ou as mesmas coisas de outra maneira, combinar diferentemente materiais e forças, enfim, realizar novas combinações"[340] que "decorre de novos bens de consumo, dos novos métodos de produção ou transporte, dos novos mercados, das novas formas de organização industrial que a empresa capitalista cria"[341]. Assim, as inovações "revolucionam a estrutura econômica a partir de dentro, incessantemente destruindo a velha, incessantemente criando uma nova"[342], por meio das regras informais.

---

[339] WINTER, Nelson R. An Evolutionary Theory of Economic Change Cambridge, Mass: **The Belknap Press**; 1982.

[340] SCHUMPETER, Joseph. **Capitalismo, Socialismo e Democracia**, Zahar Editores S.A., Rio de Janeiro, 1984.

[341] SCHUMPETER, Joseph. **Capitalismo, Socialismo e Democracia**, Zahar Editores S.A., Rio de Janeiro, 1984. p. 112.

[342] SCHUMPETER, Joseph. **Capitalismo, Socialismo e Democracia**, Zahar Editores S.A., Rio de Janeiro, 1984. p. 113.

A MUDANÇA INSTITUCIONAL

As inovações tecnológicas promovem uma dinâmica permanente de introdução e criação de novos hábitos de consumo, que estimula a concorrência ao transformar processos e produtos, bem como modificar os hábitos e os costumes sociais institucionalizados[343]. Considera-se que uma inovação tecnológica de produto/serviço ou processo ocorre quando da sua implementação no mercado por meio da inovação de determinado produto ou da sua utilização no processo de produção por meio da inovação do processo, conforme define a Organização para a Cooperação e Desenvolvimento Econômico[344].

A complexidade "do meio ambiente aumentou à medida que os seres humanos se tornaram cada vez mais interdependentes, estruturas institucionais mais complexas foram necessárias para capturar os ganhos potenciais do comércio"[345], de modo que a sociedade precisa de instituições que permitam e fomentem a troca anônima e impessoal, seja no tempo ou no espaço, de modo que quanto mais permitirem aos indivíduos a liberação do potencial produtivo e criativo, mais fomentam o progresso econômico[346].

Esse processo de aprendizagem resulta em determinada taxa que reflete a intensidade da concorrência entre organizações e determina a rapidez da mudança econômica, e é seletado pela cultura, sem garantia de que esse aprendizado, ou seja, experiência acumulada do passado, auxilie

---

[343] CONCEIÇÃO, Octavio. **A centralidade do conceito de inovação tecnológica no processo de mudança estrutural.** Ensaios FEE, Porto Alegre, v.21, n.2, p.58-76, 2000. p. 58.

[344] OECD – Organization for Economic Co-operation and Development, Manual de Oslo – **Diretrizes para coleta e interpretação de dados sobre inovação**, OECD – tradução FINEP, Brasília, 2006.

[345] Tradução livre de: "of the environment increased as human beings became increasingly interdependent, more complex institutional structures were necessary to capture the potential gains from trade" (NORTH, Douglass C. Economic Performance Through Time. In: **The American Economic Review**, Vol. 84, No. 3 (Jun., 1994), pp. 359-368. Disponível em <http://www.jstor.org/stable/2118057> Acesso em 12 de outubro de 2017. p. 363).

[346] Assim, "quando as leis, os costumes, a prática social e econômica e as organizações favorecerem a iniciativa individual e a cooperação através de mecanismos impessoais, principalmente garantindo os direitos de propriedade e gerando uma estrutura de preços relativos que premia as atividades produtivas" (BUENO, Newton P. A nova economia institucional e a historiografia clássica do período colonial brasileiro. In: **Anais do V Congresso Brasileiro de História Econômica**. Belo Horizonte: ABPHE, 2003).

SANDBOX REGULATÓRIO

na resolução de novos problemas[347]. As mudanças, portanto, devem considerar o aprendizado coletivo, que consiste na "transmissão no tempo de nosso estoque de conhecimento acumulado"[348].

Quanto mais um sistema se baseia em instituições informais, menores serão os custos de transação ou, como bem definiu Arrow, os custos do funcionamento do sistema econômico[349]. Por esse motivo, North explica, nesse contexto, que a compreensão da mudança econômica passa por três pontos principais: (i) a compreensão das regras formais, informais e características de execução que moldam o desempenho econômico, (ii) as políticas e suas respectivas regras como influência no desempenho econômico e (iii) a eficiência adaptativa e não alocativa, essencial para o crescimento a longo prazo[350].

Assim, o Sandbox Regulatório pretende a reformulação das estruturas institucionais com o objetivo de potencializar o desempenho econômico, por promover um ambiente cuja regulação é flexibilizada temporariamente, buscando sanar lacunas informacionais e reduzir as incertezas. A liberação do potencial produtivo e criativo dos indivíduos é essencial

---

[347] O aprendizado coletivo é construído a partir do processo de aprendizagem, no qual "(i) a maneira como uma determinada estrutura de crenças filtra as informações derivadas de experiências e (ii) as diferentes experiências que confrontam indivíduos e sociedades em momentos diferentes" (Tradução livre de: "(i) the way in which a given belief structure filters the information derived from experiences and (ii) the different experiences confronting individuals and societies at different times" NORTH, Douglass C. Economic Performance Through Time. In: **The American Economic Review**, Vol. 84, No. 3 (Jun., 1994), pp. 359-368. Disponível em <http://www.jstor.org/stable/2118057> Acesso em 12 de outubro de 2017. p. 364).

[348] Tradução livre de: "transmission in time of our accumulated stock of knowledge" (HAYEK, Friedrich A. **The Constitution of Liberty**. Chicago: Chigado University Press, 1960, p. 27).

[349] ARROW, K. J. The Organization of Economic Activity: Issues Pertinent to the Choice of Market Versus Non-market Allocation. In: **U.S. Government Printing Office**: Washington, D.C.; 1969;59–73. The Analysis and Evaluation of Public Expenditure: The PPB System. 1 U.S. Joint Economic Committee, 91th Congress, 1st Session.

[350] NORTH, Douglass C. Economic Performance Through Time. In: **The American Economic Review**, Vol. 84, No. 3 (Jun., 1994), pp. 359-368. Disponível em <http://www.jstor.org/stable/2118057> Acesso em 12 de outubro de 2017.

para a promoção das inovações tecnológicas, revolucionando a estrutura econômica por meio da modificação de costumes enraizados.

Nesse ponto, tem-se a compreensão de Douglass North, que analisa a natureza das instituições e a respectiva influência que tem no desempenho econômico, bem como a promoção da mudança institucional pela cognição humana para analisar as políticas atuais de desenvolvimento, além de questionar as políticas promovidas pelos Estados quando estes não se dedicam ao estudo dos aspectos econômicos[351], já que, se o mundo fosse incutido da racionalidade instrumental e experimentasse mercados eficientes[352] econômica e politicamente[353], sem valoração ideológica, haveria a desnecessidade da presença das instituições.

Acrescenta-se ainda a teoria de Amartya Sen, que entende o aprimoramento de arranjos institucionais apropriados, quando bem definidos os papéis instrumentais de tipos distintos de liberdade, levam ao desenvolvimento econômico e que, no contexto da globalização econômica, é urgente incorporar três atores-chave nesse processo de expansão: agências financeiras internacionais, blocos econômicos regionais e setor privado. É um processo econômico, social, cultural e político que visa a

---

[351] NORTH, Douglass C. Economic Performance Through Time. **The American Economic Review**, Vol. 84, n. 3 (jun., 1994), pp. 359-368. Disponível em: < https://www.iei.liu.se/nek/730A22/filarkiv-2013/del-1a-andersson/1.516346/NorthEcperfthroughtime.pdf> Acesso em 12 de outubro de 2017.

[352] Mercados eficientes são aqueles criados "in the real world when competition is strong enough via arbitrage and efficient information feedback to approximate the Coase zero-transaction-cost conditions and the parties can realize the gains from trade inherent in the neoclassical argument" (NORTH, Douglass C. Economic Performance Through Time. **The American Economic Review**, Vol. 84, n. 3 (jun., 1994), pp. 359-368. Disponível em: < https://www.iei.liu.se/nek/730A22/filarkiv-2013/del-1a-andersson/1.516346/NorthEcperfthroughtime.pdf> Acesso em 12 de outubro de 2017. p. 360).

[353] Mercados econômicos eficientes são raros de se encontrar e, mercados políticos são impossíveis. Isto pois, os custos de transação como aqueles especificam o que é trocado e fazem cumprir os acordos, no político significa a troca de votos entre eleitores e legisladores, de modo que o eleitor tem pouco incentivo a informação (NORTH, Douglass C. Economic Performance Through Time. **The American Economic Review**, Vol. 84, n. 3 (jun., 1994), pp. 359-368. Disponível em: < https://www.iei.liu.se/nek/730A22/filarkiv-2013/del-1a-andersson/1.516346/NorthEcperfthroughtime.pdf> Acesso em 12 de outubro de 2017. p. 361).

aumentar constantemente o bem-estar da população e de todos os indivíduos a partir da sua participação ativa, livre e significativa no desenvolvimento e justa distribuição dos benefícios resultantes.

Do ponto de vista regulatório Kaushik Basu estuda a análise econômica tradicional da lei, observando suas falhas significativas e seus problemas de interpretação e aplicação, de modo que, por meio da teoria dos jogos moderna, desenvolve uma abordagem de "ponto focal", modelando não apenas as ações de interesse próprio dos cidadãos que devem seguir as leis, mas também os funcionários do estado – os políticos, juízes e burocratas – aplicando-as[354].

No que interessa a esse livro, o autor critica a assunção da racionalidade, para demonstrar como são suas implicações para as políticas sociais, leis, intervenções do mercado.

Nesse cenário, Basu ainda explica que interesses, ressentimentos e legitimidade, demonstram que os indivíduos possuem muitas faces e talvez a lei sirva para fazer prevalecer uma face em detrimento da outra, de modo que para desenvolver essa ideia formalmente, tem-se de definir um jogo da vida de forma mais elaborada, não apenas descrevendo o conjunto de escolhas, mas compreendendo quais escolhas são parte do direito de uma pessoa e, portanto, não devem ser negadas, mesmo que a negação se torne difícil de detectar ao fazer a pessoa escolher, ao mesmo tempo que aquiesce com a negação, o que abre um caminho rico para definir e analisar a legitimidade da lei[355].

Sua análise de implementação de uma lei traz à tona o problema positivo de indagação sobre "quando é razoável usar informações estatísticas nas quais tanto a ciência se baseia?"[356]. Basu também entende a necessidade de internacionalização das instituições, mas ressalta que, mesmo que as pessoas fossem totalmente racionais e não houvesse assimetria informacional, o mercado global teria problemas, em virtude da ausência da regra da lei e da inexistência de governança global virtual, diferente

---

[354] Basu, Kaushik. The Republic of Beliefs. **Princeton University Press**, 2018.

[355] Basu, Kaushik. The Republic of Beliefs. **Princeton University Press**, 2018. p. 174.

[356] Tradução livre de: "when is it reasonable to use statistical information on which so much of Science is based?" (BASU. Kaushik. The Republic of Beliefs. **Princeton University Press**, 2018. p. 185).

A MUDANÇA INSTITUCIONAL

do que vislumbra o pensamento tradicional comprometido com o fundamentalismo de mercado e dos governos como forças compensatórias. Para tanto, Basu utiliza Stiglitz, que argumenta que, na frente econômica, o mundo se tornou interconectado com os mercados globais e fluxos de dinheiro, ainda que as instituições políticas globais tenham permanecido inadequadas[357].

Esse ponto é especialmente relevante para o presente trabalho, pois a literatura jurídica promoveu estudos pontuais, por meio de ensaios ou artigos, sobre a regulação do mercado financeiro sob a ótica das inovações tecnológicas. Contudo, ainda inexistente um estudo sistemático abrangente que possa apontar ferramentas norteadoras da regulação, de modo a demonstrar seus efeitos no mercado por meio do instrumento do Sandbox Regulatório.

A "revolução digital é rica em oportunidades"[358] e precisa do elemento confiança, pois a "aceitabilidade social do digital repousa na garantia de que nós, usuários que somos, tivermos de que os dados que fornecemos não se voltarão contra nós, que as plataformas da web às quais nos conectamos respeitarão os termos do contrato que nos liga a elas e que suas recomendações serão confiáveis"[359].

---

[357] BASU, Kaushik. Globalization and the Politics of International Finance: The Stiglitz Verdict. A review article on Joseph Stiglitz: Globalization and Its Discontents, **Norton & Co.,** New York, 2002. p. 27.

[358] TIROLE, Jean. **Economia do bem comum**. Tradução André Telles. Rio de Janeiro: Zahar, 2020, p. 418.

[359] TIROLE, Jean. **Economia do bem comum**. Tradução André Telles. Rio de Janeiro: Zahar, 2020, p. 418.

6.
O *SANDBOX* REGULATÓRIO

Denota-se que as transformações tecnológico-digitais imprimem um ritmo que proporciona novos desafios regulatórios e que, especialmente no mercado financeiro, os produtos e serviços disruptivos alteram a dinâmica do setor e provocam a desconexão regulatória[360] entre o arcabouço normativo-regulatório e o novo subsistema regulado, bem como exigem reflexões sobre regulação prudencial e risco sistêmico[361], para evitar novos riscos trazidos pelas inovações financeiras que possam comprometer o equilíbrio sistêmico do setor financeiro.

A complexidade do cenário propicia o desenvolvimento de novas abordagens regulatórias na teoria da regulação, flexíveis às constantes inovações tecnológicas, de modo que "uma das mudanças verdadeiramente significativas na teoria regulatória nas últimas décadas foi uma mudança para um tipo novo, mais variável e interativo de aparato regulatório estadual. Vamos chamar este projeto de 'regulamentação flexível'"[362]. Assim, o Sandbox Regulatório emerge, como ferramenta de adaptação do processo de escolhas regulatórias e, diante das modificações setoriais, da própria regulação flexível, com o objetivo de otimizar a função regulatória do mercado financeiro.

---

[360] Conforme explica-se na nota de rodapé 93.

[361] Conforme explica-se na nota de rodapé 94.

[362] Tradução livre de: "One of the truly significant shifts in regulatory theory over the last few decades has been a move to a new, more variable and interactive kind of state regulatory apparatus. Let us call this project 'flexible regulation'" (FORD, Cristie. Innovation and the state: finance, regulation, and justice. New York: **Cambridge University Press**, 2017, p. 11).

SANDBOX REGULATÓRIO

6.1. A escolha regulatória: flexibilidade e experimentalismo

É preciso desapegar da visão tradicional de que ao Estado incumbe assegurar a estabilidade do ambiente econômico – embasando a tendência de forte regulamentação no setor, pois desarmônica com a realidade. Deve-se vislumbrar a regulação como um instrumento que pode influenciar o comportamento individual por meio do estabelecimento de uma política pública que produza resultados por meio de definição de padrões, coletas de informações e, consequentemente, modificação de comportamento, com o objetivo do bem-estar da sociedade[363].

Fixada a visão da regulação, seu papel no incentivo à inovação deve ser fomentado para a promoção do desenvolvimento econômico[364], motivo pelo qual deve ser dinâmica e flexível, para responder mais adequadamente às demandas regulatórias dotadas de alto grau de incerteza e complexidade[365]. Os modelos regulatórios alternativos permitem a adoção de uma nova dinâmica regulador-regulado, na qual os regulados assumem obrigações e responsabilidades relacionadas à governança regulatória, exercendo o papel de coprotagonistas no desempenho da função regulatória[366].

Estabelecidas as regras que regem as condutas, tem-se a respectiva punição em caso de descumprimento[367], de modo que a característica de experimentação adere à flexibilidade, com caráter temporário, e que permita o monitoramento e a avaliação para concluir os resultados em

---

[363] MOSES, Lyria Bennett. How to think about law, regulation and technology: problems with "technology' as a regulatory target. **Law, Innovation and Technology**, v. 5, p. 1-20, 2013, p. 4.

[364] PELKMANS, Jacques; RENDA, Andrea. Does EU regulation hinder or stimulate innovation? **Centre for European Policy Studies Special Report n. 96**, 2014. Disponível em: <https://goo.gl/oHVcsP>. Acesso em: 10 de novembro de 2021, p. 7.

[365] FORD, Cristie. Innovation and the state: finance, regulation, and justice. New York: **Cambridge University Press**, 2017, p. 140.

[366] CHIU, Iris H-Y. Regulating (from) the inside: the legal framework for internal control in banks and financial institutions. London: **Bloomsbury**, 2018, p. 16-17.

[367] BINENBOJM, Gustavo. **Poder de polícia, ordenação, regulação**: transformações político-jurídicas, econômicas e institucionais do direito administrativo ordenador. Belo Horizonte: Fórum, 2016, p. 164.

contextos mercadológicos de inovações e, consequentemente, mudanças rápidas, incertezas e assimetria informacional[368].

Assim como os programas-piloto e normas temporárias, o Sandbox Regulatório está inserido nesse contexto de experimentação[369], que demanda adaptação regulatória no mercado financeiro, que segue sendo impactado especialmente pelas empresas de inovação tecnológica que ingressam no mercado financeiro, as *Fintechs*. Essas novas formas de organização das instituições financeiras demandam da ação regulatória a promoção da maximização de objetivos sociais, por meio da flexibilização do controle sobre os indivíduos e a iniciativa privada, em um ambiente em que o mercado funciona com a intervenção mínima[370].

6.2. Natureza jurídica

O Sandbox Regulatório é um instrumento regulatório de fomento, baseado em incentivo regulatório, por meio de experimentalismo estruturado, que possui como pilar indutivo a isenção normativo-regulatória temporária[371]. Explica-se.

A função da regulação é englobar as técnicas indutivas de comportamento por meio de fomento, situando-se no equilíbrio entre a inibição e o intervencionismo estatal, o que incentiva o agente econômico, que não se vê sem alternativas, mas sim "recebe ele estímulos e desestímulos que, atuando no campo de sua formação de vontade, levam-no a se decidir pelo caminho proposto pelo legislador"[372].

---

[368] RANCHORDÁS, Sofia. **Constitutional sunsets and experimental legislation**: a comparative perspective. Northampton, Massachusetts: Edward Elgar, 2014, p. 37-38.

[369] RANCHORDÁS, Sofia. **Constitutional sunsets and experimental legislation**: a comparative perspective. Northampton, Massachusetts: Edward Elgar, 2014.

[370] CHIU, Iris H-Y. Fintech and disruptive business models in financial products, intermediation and markets-policy implications for financial regulators. **Journal of Technology Law & Policy**, v. 21, 2016, p. 64.

[371] VIANNA, Eduardo Araujo Bruzzi. **Regulação das fintechs e sandboxes regulatórias**. Dissertação (mestrado) 168 f. Escola de Direito do Rio de Janeiro da Fundação Getúlio Vargas, 2019. p. 102.

[372] SCHOUERI, Luís Eduardo. **Normas tributárias indutoras e intervenção econômica**. Rio de Janeiro: Forense, 2005, p. 43-44.

SANDBOX REGULATÓRIO

Assim, entende-se por fomento a modalidade de intervenção por indução, que busca a proteção ou a promoção do objeto fomentado, mediante a ausência de compulsoriedade e a satisfação indireta de necessidades públicas[373]. Ou seja, é uma forma de atuação administrativa, por meio de incentivos ou estímulos[374], estabelecida no plano político-econômico do Estado, que objetiva satisfazer necessidades públicas por meio do cumprimento de um fim de utilidade geral, sem impor qualquer prejuízo à liberdade dos administrados, os quais, estimulados pela administração, cooperam voluntariamente e, assim, estimulam o bem comum[375].

O Sandbox é, portanto, um incentivo regulatório, ou seja, uma medida de fomento à inovação financeira por meio de isenção normativo-regulatória temporária. A promoção da inovação financeira e o desenvolvimento seguro do mercado financeiro são interesses estatais, pois, ao permitir que as empresas testem inovações financeiras em um ambiente controlado, com isenção parcial da aplicação de normas regulatórias, permite que as barreiras de entrada e os custos de *compliance* regulatório sejam flexibilizados, o que auxilia as empresas em estágio inicial e, consequentemente, aquece a economia[376].

Instituídos por meio de programas que concedem às empresas um espaço propício ao teste e à experimentação de inovações, insere-se em

---

[373] MELLO, Célia Cunha. **O fomento da administração pública**. Belo Horizonte: Del Rey, 2003, p. 26-29.

[374] Sabe-se que, no mercado financeiro brasileiro, um dos instrumentos regulatórios utilizados para o alcance de interesses públicos são os incentivos fiscais, por meio de tratamentos desiguais para desenvolver determinados setores, conforme se observa na isenção de imposto de renda sobre determinados tipos de rendimentos, como ocorre com os: (i) rendimentos de poupança, (ii) de Fundo de Investimento Imobiliário, (iii) de Letra de Crédito Imobiliário e (iv) de Letra de Crédito do Agronegócio, conforme as Leis nº 8.088/90 e 11.033/2004.

[375] Cabe ressaltar que o planejamento econômico fixa os objetivos do desenvolvimento, de modo a estabelecer os setores das atividades econômicas e as regiões de maior interesse para o desenvolvimento nacional (MELLO, Célia Cunha. **O fomento da administração pública**. Belo Horizonte: Del Rey, 2003, p. 76-81).

[376] ARNER, Douglas W.; BARBERIS, Janos; BUCKLEY, Ross P. FinTech and RegTech in a nutshell, and the future in a sandbox. **University of Hong Kong Faculty of Law Research Paper n. 40**, 2017. Disponível em: <https://ssrn.com/abstract=3088303>. Acesso em: 12 de novembro de 2021, p. 16-17.

um ambiente regulatório flexível, no qual a sua atividade possui menos restrições e, portanto, pode ser exercida livremente, para que sejam observados os reais problemas e riscos envolvidos, por meio do monitoramento e fiscalização do regulador. A simplicidade e interatividade da experimentação de novas ideias nesse ambiente, aliada ao diálogo regulatório[377] permite que as inovações sejam testadas em um espaço seguro, por meio de um experimentalismo estruturado que encontra na redução de barreiras regulatórias e na redução de custos para testes, a proteção do consumidor[378].

6.3. Conceito e características da ferramenta e do sistema

O termo *Sandbox*, em tradução literal, significa caixa de areia e é inspirado na ideia dos parques americanos em que há um espaço (normalmente de areia), para que as crianças possam brincar e socializar sob a atenta vigilância dos pais, e tem origem nos testes de programas de informática[379]. Assim, em um ambiente de testes de sistemas e máquinas virtuais de forma isolada, protege-se o restante do sistema de potenciais danos que possam vir a ocorrer. Dessa forma, é uma solução utilizada para testes de sistemas desconhecidos e de segurança incerta, motivo pelo qual o isolamento evita o possível comprometimento do sistema operacional da máquina[380].

Assim, as empresas, nacionais e estrangeiras, detentoras ou não de autorização permanente para atuar no mercado, podem testar projetos inovadores com consumidores reais, por um período determinado e em um ambiente controlado. Mediante a flexibilização de algumas regras

---

[377] BRUMMER, Chris; YADAV, Yesha. Fintech and the innovation trilemma. **Georgetown Law Journal**, 2018 (forthcoming). Disponível em: <https://ssrn.com/abstract=3054770>. Acesso em: 10 de outubro de 2021, p. 51.

[378] VERMEULEN, Erik P. M. Regulation tomorrow: what happens when technology is faster than the law. **American University Business Law Review**, v. 6, p. 561-594, 2017, p. 591-592.

[379] FEIGELSON, Bruno. LEITE, Luiza. **Sandbox regulatório**: experimentalismo no direito exponencial, São Paulo: Editora Revista dos Tribunais, 2020, p. 38.

[380] FEIGELSON, Bruno. **Sandbox**: o futuro da regulação. JOTA. Disponível em: <http://bit.ly/2PCUYMB>. Acesso em: 9 de julho de 2021, p. 5

SANDBOX REGULATÓRIO

regulatórias e sob o acompanhamento do órgão regulador[381], que assume tanto o papel de fiscalizador quanto de consultor[382], podem ser extraídas as características do instrumento Sandbox: o caráter temporário e a limitação do escopo.

A primeira delas é o caráter temporário, visto que o tempo concedido às empresas para testarem seus processos inovadores é específico e temporário, a depender da situação de cada experimento. Assim, encerrado o período, não se pode mais considerar a isenção normativo-regulatória, bem como será elaborada uma análise sobre o objeto inovador testado[383]. Cabe ressaltar que cada país adotará um limite diverso: no Reino Unido o prazo é de seis meses, na Austrália aplicam-se doze meses, no Canadá são dois anos, com possibilidade de extensão em algumas hipóteses[384] e no Brasil o prazo é de um ano, podendo ser prorrogado por igual período.

A segunda característica é a limitação do escopo, já que o experimento possuirá campo de aplicação limitado, especialmente no que diz respeito ao território e aos usuários (perfil e número)[385]. A amplitude de abrangência dos consumidores deve ser suficiente para gerar dados estatísticos que entreguem ao regulador informações para projetar os riscos de mercado e deve ser amparada por instrumentos de segurança, como seguros e ressarcimentos, com relação aos valores operados (que podem ser limitados), após a ciência dos consumidores da atuação em ambiente negocial que se encontra em teste supervisionado pelo regulador financeiro[386].

---

[381] ARNER, Douglas W; BARBERIS, Jànos; BUCKLEY, Ross P. Fintech and Regtech in a nutshell, and the future in a sandbox. **CFA Research Institute Foundation**, 2017, p. 5

[382] Columbia Business School. **Regulatory Sandboxes**. Disponível em: <https://dfsobservatory.com/content/regulatory-sandboxes>. Acesso em: 18 de agosto de 2021.

[383] HERRERA, Diego; VADILLO, Sonia. Sandbox regulatório na América Latina e Caribe para o ecossistema FinTech e o sistema financeiro. **Banco Interamericano de Desenvolvimento**. Disponível em: <http://bit.ly/2UOIQqS>. Acesso em: 18 de agosto de 2021, p. 7.

[384] COUTINHO FILHO, Augusto. Regulação 'sandbox' como instrumento regulatório no mercado de capitais. **Revista Digital de Direito Administrativo**, v. 5, p. 264-282, 2018, p. 274.

[385] No mercado financeiro, usualmente limitado a investidores qualificados ou institucionais.

[386] FENWICK, Mark; KAAL, Wulf A.; VERMEULEN, Erik P. M. Regulation tomorrow: what happens when technology is faster than the law. **American University Business Law Review**, v. 6, p. 561-594, 2017, p. 593.

Quanto às características do sistema, deve-se ressaltar: a flexibilidade regulatória, o necessário monitoramento e avaliação e os critérios de ingresso. A flexibilização regulatória sinaliza que é instrumento de exceção no que diz respeito à aplicação de normas vigentes, depende de previsão e motivação específica. Precisa relacionar a regra derrogada e o objeto a ser testado, mediante o detalhamento dos requisitos que irão nortear a aprovação da isenção regulatória. Assim, o programa estabelecerá regras menos rigorosas, mas sem olvidar o núcleo normativo inafastável[387], devendo ser observados os instrumentos paralelos[388].

A segunda característica do sistema diz respeito ao monitoramento e avaliação, para que sejam coletados os dados do aprendizado relativos à inovação. Essa relação próxima entre regulador e regulado permite a observação direta e atualizada das informações e, consequentemente, o aprendizado sobre os riscos e efeitos do objeto de teste auxilia no manejo da repercussão sobre os consumidores e o equilíbrio do sistema regulado. Ainda que a inovação apresente complexidade e grau de incerteza pelo hiato inicial de informações, a coleta de dados diretamente das empresas em ambiente controlado, sob constante monitoramento e submetido a avaliações e relatórios periódicos auxilia na construção legislativa[389]

---

[387] No Reino Unido, Austrália, Suíça e Singapura, esse núcleo diz respeito às normas sobre lavagem de dinheiro e financiamento ao terrorismo (COUTINHO FILHO, Augusto. Regulação 'sandbox' como instrumento regulatório no mercado de capitais. **Revista Digital de Direito Administrativo**, v. 5, p. 264-282, 2018, p. 276).

[388] Quanto à flexibilidade regulatória, existem as *no-action letter*, implementadas em virtude de empresas que utilizaram inovações que não se enquadrariam no arcabouço normativo-regulatório em vigor ou estava à sua margem (*shadow banking*), de modo que essa ferramenta permite ao regulador sinalizar formalmente aos atores econômicos do mercado sobre o não enquadramento da atividade no perímetro regulatório. Nos Estados Unidos, optou-se por esse modelo ao invés da utilização do Sandbox, de modo que o órgão *Consumer Financial Protection Bureau*, responsável pela proteção do consumidor no mercado financeiro, instituiu a *no-action letter* como uma política formal, que permite inovações financeiras mas não admite a flexibilização regulatória, ainda que temporária (CONSUMER FINANCIAL PROTECTION BUREAU. **CFPB Finalizes Policy to Facilitate Consumer-Friendly Innovation**. Disponível em: <https://bit.ly/2zQN88g>. Acesso em: 10 de novembro de 2021).

[389] RANCHORDÁS, Sofia. **Constitutional sunsets and experimental legislation**: a comparative perspective. Northampton, Massachusetts: Edward Elgar, 2014, p. 49.

SANDBOX REGULATÓRIO

Quanto aos critérios de ingresso no sistema, o Sandbox aceita a inscrição de todas as empresas, autorizadas ou não pelo órgão regulador local a funcionar no mercado financeiro. O principal requisito para permitir a execução da atividade é a demonstração de uma efetiva inovação que justifique sua exploração inicial em ambiente controlado, atrelada à demonstração dos impactos positivos no mercado financeiro pretendidos, podendo existir a definição taxativa das atividades financeiras que podem ser inseridas no programa[390]. A competência para julgar os pedidos de ingresso e monitorar a execução e a evolução do experimento é atribuída ao departamento específico do órgão regulador de cada local[391].

6.4. Experiência internacional

Após a crise financeira global de 2008, o Reino Unido repensou e reformulou a sua estrutura regulatória, adotando o modelo *twin peaks*[392], de modo que extinguiu o órgão regulador único do mercado financeiro e criou dois novos: a Prudential Regulatory Authority e a Financial Conduct Authority[393]. Assim, em 2012, o Sandbox Regulatório foi introduzido no sistema pela *U.S. Consumer Financial Protection Bureau* e, em 2015, foi institucionalizado pela *Financial Conduct Authority*[394]. Por meio do *Innovation Hub*, o órgão criou o primeiro Sandbox Regulatório do mundo, para que novos produtos financeiros pudessem ser testados em um ambiente controlado, mediante a concessão de uma licença restrita, por meio de

---

[390] A Austrália, por exemplo, só aceita empresas não autorizadas e utiliza o critério de ingresso invertido. A *Australian Securities and Investments Commission* é o órgão regulador do mercado financeiro e não analisa pedidos de ingresso caso a caso, mas sim estabelece um regime de isenção normativo-regulatória por meio de *class waivers*, alcançando todos os agentes econômicos não autorizados a funcionar no mercado financeiro e de capitais, bastando que atingir os pré-requisitos.

[391] COUTINHO FILHO, Augusto. Regulação 'sandbox' como instrumento regulatório no mercado de capitais. **Revista Digital de Direito Administrativo**, v. 5, p. 264-282, 2018, p. 275.

[392] Conforme explicado no tópico 3.4.

[393] FORD, Cristie. Systemic risk regulation in comparative perspective. **University of British Columbia Faculty of Law**, 2016. Disponível em <https://bit.ly/2Jo2V4b>. Acesso em: 02 de agosto de 2021, p. 14-15.

[394] JENIK, Ivo; LAUER, Kate. **Regulatory Sandboxes and Financial Inclusion**. Working Paper, Washington, DC: CGAP, 2017, p. 2.

A MUDANÇA INSTITUCIONAL

seleção nas rodadas de inscrição mediante o preenchimento dos critérios de elegibilidade.

Em 2017, o *Financial Conduct Authority* lançou o seu denominado Relatório de Lições Aprendidas sobre o Sandbox e, no documento, informou que já havia realizado quatro rodadas, totalizando 276 (duzentas e setenta e seis) empresas inscritas e 89 (oitenta e nove) aprovadas para os testes[395]. O relatório também reporta dados sobre a primeira rodada realizada, na qual 75% (setenta e cinco por cento) das empresas selecionadas finalizaram o período de teste com sucesso, das quais 90% (noventa por cento) mantiveram o desenvolvimento de suas atividades econômicas satisfatório e, ainda, a maioria progrediu de uma autorização restrita de funcionamento para a autorização completa a partir da finalização do período de testes[396].

Além disso, o instrumento promoveu a atração de investimentos e facilitou o acesso ao *funding* de startups, pois 40% (quarenta por cento) das empresas que concluíram o período de teste receberam aporte de capital durante ou logo após a finalização do processo experimental[397]. Dos dados registrados, ainda, o relatório reportou a influência positiva no processo de desenvolvimento do modelo de negócios das empresas, pois um terço das empresas efetivamente fizeram uso do aprendizado experimental para aprimorar seus produtos e serviços antes de lançá-los no mercado[398].

No que diz respeito aos participantes, sua maioria era de startups em estágio embrionário e, em torno de 20% (vinte por cento) eram empresas desde o porte pequeno até o grande, todas com o objetivo de testar suas inovações financeiras no mercado, como foi o caso do HSBC que, na primeira rodada, testou um aplicativo de gestão de finanças dos clientes. O documento também identificou o tipo de tecnologias predominantes,

---

[395] FINANCIAL CONDUCT AUTHORITY. **Regulatory sandbox lessons learned report**, 2017. Disponível em: <http://bit.ly/2Q9av6k>. Acesso em: 21 nov. 2018, p. 4.

[396] FINANCIAL CONDUCT AUTHORITY. **Regulatory sandbox lessons learned report**, 2017. Disponível em: <http://bit.ly/2Q9av6k>. Acesso em: 15 de outubro de 2021, p. 5.

[397] FINANCIAL CONDUCT AUTHORITY. **Regulatory sandbox lessons learned report**, 2017. Disponível em: <http://bit.ly/2Q9av6k>. Acesso em: 15 de outubro de 2021, p. 6.

[398] FINANCIAL CONDUCT AUTHORITY. **Regulatory sandbox lessons learned report**, 2017. Disponível em: <http://bit.ly/2Q9av6k>. Acesso em: 15 de outubro de 2021, p. 6.

constatando, nesse primeiro momento, como as mais populares, as inovações ligadas a *Distributed Ledger Technology*[399], representadas em sua maioria por empresas que atuam no setor de meios de pagamento e moeda eletrônica, já que nas duas primeiras rodadas, 17 (dezessete) empresas utilizaram a tecnologia[400].

Com relação ao perfil das empresas, observou-se que a maioria das empresas vieram do setor de banco de varejo, e que, ainda, nas duas primeiras rodadas, empresas do Canadá, de Singapura e dos Estados Unidos solicitaram participação no programa britânico, conforme a imagem abaixo[401]:

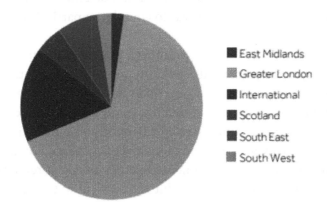

---

[399] O Distributed Ledger Technology (DLT) é um sistema de registro de dados capaz de armazenar e permitir acesso a informações em uma determinada base de dados compartilhada, funcionando como um sistema de validação destas informações (TELLES, Christiana Mariani da Silva. Sistema bitcoin: tecnologia digital, protocolo de comunicação, software, rede de pagamentos online descentralizada e criptomoedas. Desafios para os reguladores. In: GUERRA, Sérgio (Org). **Teoria do Estado Regulador**, v. III. Curitiba: Juruá, 2017) e o blockchain, uma base compartilhada de dados que faz o registro e validação de transações digitais, trocas de informações processadas por usuários de uma rede descentralizada de computadores, é um tipo de DLT.

[400] FINANCIAL CONDUCT AUTHORITY. **Regulatory sandbox lessons learned report**, 2017. Disponível em: <http://bit.ly/2Q9av6k>. Acesso em: 15 de outubro de 2021, p. 9.

[401] FINANCIAL CONDUCT AUTHORITY. **Regulatory sandbox lessons learned report**, 2017. Disponível em: <http://bit.ly/2Q9av6k>. Acesso em: 15 de outubro de 2021, p. 8-9.

A presença de empresas de outros países confirmou a proposição de que o modelo traz benefícios tantos para regulador e ao subsistema regulado quanto para as empresas participantes, seja em virtude do aperfeiçoamento das inovações ou, até mesmo, pelo acesso aos investimentos. Desta forma, o relatório considerou que houve progresso na promoção da concorrência no mercado, visto que o impulso às inovações úteis estimula o investimento nas próximas gerações de tecnologias que visam a melhoria da eficiência dos mercados, por meio da entrega de valor para os usuários de serviços financeiros em termos de preço e qualidade[402].

O Reino Unido demonstrou pioneirismo e liderança quanto às inovações no setor e foi reconhecido como a jurisdição mais amigável à promoção das inovações tecnológico-financeiras, tendo se tornado sede de centenas de *fintechs*, processo desenvolvido, inclusive, pela adoção do Sandbox Regulatório[403]. A partir dessa criação, outros países também passaram a adotar o instrumento, o que leva à conclusão de que o próprio Sandbox é uma inovação regulatória disruptiva, pois provocou profundas mudanças regulatórias financeiras ao redor do mundo.

De acordo com o último relatório sobre *fintechs* do Fundo Monetário Internacional, de 2017, existiam outros sete sistemas de Sandbox em funcionamento: Canadá, Suíça, Austrália, Hong Kong, Malásia, Emirados Árabes Unidos e Singapura[404]. E, de acordo com o relatório da Deloitte, do mesmo ano, seriam: Canadá (Ontario Securities Commission–OSC), Reino Unido (Financial Conduct Authority-FCA), Holanda (Authority for the Financial Market–AFM e Nederlandsche Bank –DNB), Abu Dhabi (Abu Dhabi Global Market–ADGM), Hong Kong (Hong Kong Monetary Authority), Malásia (Bank Negara Malaysia), Singapura (Monetary Authority of Singapore–MAS) e Austrália (Australian Secu-

---

[402] FINANCIAL CONDUCT AUTHORITY. **Regulatory sandbox lessons learned report**, 2017. Disponível em: <http://bit.ly/2Q9av6k>. Acesso em: 15 de outubro de 2021, p. 10.

[403] LERONG, Lu. Promoting SME finance in the context of the fintech revolution: a case study of the UK's practice and regulation. **Banking and Finance Law Review**, v. 33, p. 317-343, 2018. Disponível em: <https://ssrn.com/abstract=3144767>. Acesso em: 15 de outubro de 2021, p. 319-320.

[404] INTERNATIONAL MONETARY FUND. Fintech and financial services: initial considerations. **Staff Discussion Note**, 2017. Disponível em: <http://bit.ly/2JQCFxq>. Acesso em: 8 de novembro de 2021, p. 47.

rities & Investments Commission–ASIC)[405]. Em 2021, não se tem um documento que expresse o número exato de jurisdições que incorporaram a ideia, mas pode-se incluir um país: o Brasil, conforme será analisado no próximo tópico. Analisados pelo Fundo Monetário Internacional, constatou-se que, a partir de nove critérios alocados em três categorias, nenhum dos referidos países possui programas idênticos, diversificação que possui origem na adoração do núcleo normativo inafastável[406].

6.5. Experiência brasileira

No Brasil, o Sandbox Regulatório assume relevância pois, por um lado, o país ocupa a liderança no ranking de empreendimentos financeiros[407] porém, por outro, ocupa o 138º lugar no Ranking do Doing Business[408], estando entre as nações com maiores entraves para abertura de empresas no mundo[409].

A Comissão de Valores Mobiliários foi o primeiro órgão regulador a iniciar a movimentação para a aderência ao Sandbox. Em junho de 2016, criou o Núcleo de Inovação em Tecnologias Financeiras (FinTech Hub), para acompanhar o desenvolvimento e aplicação de novas tecnologias financeiras no mercado de valores mobiliários, por meio do monitora-

---

[405] DELOITTE. **Regulatory Sandbox**: Making India a Global Fintech Hub. Disponível em <https://www2.deloitte.com/content/dam/Deloitte/in/Documents/%20technology- -media-telecommunications/in-tmt-fintech-regulatory-sandbox-web.pdf> Acesso em 02 de janeiro de 2020.

[406] A Austrália permite o acesso apenas para empresas não autorizadas, Hong Kong permite o acesso apenas para empresas registradas, o Canadá possui o menor número de salvaguardas dos programas e Singapura oferece o maior número – incluindo limite de usuários, valores e/ou duração do período de teste, monitoramento e obrigações adicionais de prestação de informações, mitigação de riscos e proteções adicionais aos consumidores.

[407] BANCO INTERAMERICANO DE DESENVOLVIMENTO; IDB Invest; FINNOVISTA. **Fintech: América Latina 2018**: Crescimento e consolidação. Disponível em: <https://publications. iadb.org/publications/portuguese/document/Fintech-Ame%CC%81rica-Latina-2018- -Crescimento-e-consolidacao.pdf>. Acesso em 16 de fevereiro de 2021.

[408] O Doing Business é uma das principais publicações do Banco Mundial, em que se estuda anualmente como as leis e regulamentações promovem ou restringem as atividades empresariais dos países analisados.

[409] Informação disponível em: <https://portugues.doingbusiness.org/pt/data/exploree- conomies/brazil#DB_sb>. Acesso em 16 de fevereiro de 2020.

A MUDANÇA INSTITUCIONAL

mento, pesquisas, avaliações de impacto e análise de ações educacionais, sem pensar especificamente em mecanismos próprios de experimentação controlada. Em abril de 2018, por meio de um relatório de supervisão, o órgão ressaltou que o programa de Sandbox não careceria apenas de regulação, mas sim da real disponibilidade de pessoal qualificado, de infraestrutura tecnológica e de apetite por inovação por parte dos reguladores[410].

Nesse cenário, os três principais órgãos reguladores brasileiros que possuem competência normativa sobre o mercado financeiro, a Comissão de Valores Mobiliários, o Banco Central do Brasil e a Superintendência de Seguros Privados passaram por um processo de estudo, visando à estabelecer o modelo de Sandbox Regulatório mais adequado ao sistema brasileiro. Assim, a Comissão de Valores Mobiliários em conjunto com o Banco Interamericano de Desenvolvimento e com a Associação Brasileira de Desenvolvimento, por meio do Laboratório de Inovação Financeira, lançou em dezembro de 2017 o GT Fintech para analisar a viabilidade da implantação do Sandbox[411].

O Banco Central, por sua vez, criou em maio de 2018, o Laboratório de Inovações Financeiras e Tecnológicas, ambiente virtual colaborativo que envolve a academia, o mercado, as empresas de tecnologia e as fintechs, destinado ao desenvolvimento de inovações tecnológicas, à troca de conhecimentos e à avaliação dos resultados de experimentos. O programa foi criado para fomentar a inovação tecnológica no Sistema Financeiro Nacional, objetivando o desenvolvimento de soluções tecnológico--financeiras que para ampliação da inclusão e da cidadania financeiras, junto à criação de uma legislação moderna que promova um sistema financeiro eficiente[412]. Esse projeto foi importante para acompanhar o impacto das ações regulatórias sobre as iniciativas de inovação, entender

---

[410] COMISSÃO DE VALORES MOBILIÁRIOS. **Supervisão baseada em risco**: relatório semestral, julho-dezembro 2017. Disponível em: <http://bit.ly/2DQyOQu>. Acesso em: 21 de novembro de 2021.

[411] Informação disponível em <https://fintechlab.com.br/index.php/2017/12/15/4o-gt-lab-da-cvm-estudara-criacao-de-sandbox-para-fintechs-de-seguros-e-previdencia/> Acesso em 21 de novembro de 2021.

[412] Informação disponível em <https://www.bcb.gov.br/estabilidadefinanceira/lift> Acesso em 21 de novembro de 2021.

as dificuldades de aplicação de tecnologias dentro dos limites regulatórios e vislumbrar as oportunidades de melhoria e os potenciais de contribuição para o Sistema Financeiro Nacional[413].

No Brasil, em 2020, o Banco Central e o Conselho Monetário Nacional, em 26 de outubro de 2020, por meio das Resoluções BCB nº 29/2020 e CMN nº 4.865/2020, regulamentaram o funcionamento do "Ambiente Controlado de Testes para Inovações Financeiras e de Pagamento", seguiu-se a regulamentação pela Comissão de Valores Imobiliários (Resolução CVM nº 626), pela Superintendência de Seguros Privados (Circular CNSP nº 381 e Circular SUSEP nº 598) e pelo Banco Central (Resolução BCB nº 50).

O art. 3º das Resoluções BCB nº 29/2020 e da CMN 4.865/2020, aclaram que o Sandbox Regulatório é um ambiente em que entidades são autorizadas pelo Banco Central do Brasil a testar, por período determinado, "projeto inovador na área financeira ou de pagamento, observando um conjunto específico de disposições regulamentares que amparam a realização controlada e delimitada de suas atividades". A Resolução BCB nº 50/2020 do Banco Central estabeleceu o procedimento para acesso ao primeiro Ciclo de Testes no âmbito do Sistema Financeiro Nacional e do Sistema de Pagamentos Brasileiro. As inscrições para participação desse primeiro ciclo, com duração de um ano, prorrogável por igual período, caso verificados alguns requisitos previstos no art. 4º das Resoluções BCB nº 29/2020 e CMN nº 4.865/2020, puderam ser realizadas entre os dias 22.02.2021 e 19.03.2021[414].

Dentre os critérios de ingresso, poderiam participar associação, sociedade, empresa individual de responsabilidade limitada (Eireli), prestadores de serviços notariais e de registro, de que trata a Lei nº 8.935, de 18 de novembro de 1994, empresas públicas e sociedades de economia mista. Ainda, as entidades interessadas deveriam apresentar proposta de fornecimento de produtos ou de serviços enquadrado no conceito de projeto inovador e inserido no âmbito de competência regulamentar do

---

[413] BANCO CENTRAL DO BRASIL. **Programa desenvolvido pelo BC leva à criação de 12 projetos de inovação para o SFN**. Disponível em: https://bit.ly/2Ef2shV. Acesso em: 11 de dezembro de 2021.

[414] Conforme previsto no art. 4º da Resolução BCB nº 50/2020.

BC e do CMN, demonstrar a origem dos recursos utilizados para desenvolver o projeto inovador, comprovar a reputação ilibada de seus controladores e administradores, apresentar plano de descontinuidade das atividades e designar diretor ou representante legal, a depender do seu tipo societário, responsável pela sua participação no Sandbox Regulatório[415].

Foram selecionados 7 (sete) projetos e seus respectivos desenvolvedores[416]: (i) empréstimo com garantia de imóvel, com o pagamento no vencimento e sem amortizações periódicas, conjugado com a contratação de seguros específicos para redução dos riscos pertinentes (HIMOV); (ii) solução tecnológica para a execução de instruções de pagamentos multi-moeda, de uso exclusivo entre instituições autorizadas pelo BC a operar no mercado de câmbio com a finalidade de troca imediata de reservas (JP Morgan); (iii) realização de transações de pagamento com concessão de crédito, rotativo ou parcelado, utilizando funcionalidades do Pix (ITAUCARD); (iv) plataforma para emissão e negociação secundária de CCBs (BOLSA OTC); (v) desenvolvimento de um mercado secundário de CCBs (INCO); (vi) implementação de uma rede de pontos físicos que ofereça o serviço de aporte de recursos em espécie (MERCADO PAGO); (vii) plataforma capaz de movimentar valores entre duas ou mais contas, mediante a transferência de valores para contas 'temporárias ou de liquidação', sob demanda, para a realização de uma operação sob condições previamente firmadas (IUPI).

Os projetos aprovados receberam autorização específica do Banco Central do Brasil e estão se desenvolvendo com o acompanhado pelo Comitê Estratégico de Gestão do Sandbox BC (Cesb), instituído pela Resolução BCB nº 77. As competências do Comitê são: (i) autorizar a participação dos projetos, seguindo os parâmetros estabelecidos na regulamentação em vigor; (ii) requisitar e receber, a qualquer tempo, informações complementares dos projetos que se inscrevam na ação; (iii) deliberar sobre a necessidade de adoção ou de alteração de requisitos técnicos, operacionais ou de negócio dos projetos selecionados, bem

---

[415] Informação disponível em <https://www.bcb.gov.br/estabilidadefinanceira/sandbox> Acesso em 01 de dezembro de 2021.
[416] Informação disponível em <https://www.bcb.gov.br/estabilidadefinanceira/sandbox> Acesso em 01 de dezembro de 2021.

SANDBOX REGULATÓRIO

como de requisitos organizacionais dos participantes; (iv) comunicar à Diretoria Colegiada do BC os projetos selecionados e, anualmente, elaborar relatório com o resumo das deliberações do Comitê e o desempenho dos projetos em curso; (v) decidir sobre o cancelamento de projetos; entre outras competências[417].

Durante o período de testes, as empresas ficam sujeitas a requisitos regulatórios diferenciados e podem receber dos agentes reguladores orientações personalizadas sobre como interpretar e aplicar a regulamentação cabível. E, ao mesmo tempo, os órgãos reguladores monitoram a implementação e os resultados dos projetos, sendo capazes de avaliar os riscos associados aos novos produtos e serviços. Caso o Banco Central identifique inadequação no gerenciamento dos riscos associados à execução do projeto pelo participante, o regulador poderá determinar o aperfeiçoamento do projeto e, se o Banco Central detectar que a atividade do participante expõe o Sistema Financeiro Nacional ou o Sistema de Pagamentos Brasileiro a riscos excessivos, a autarquia poderá estabelecer limites para a execução do projeto. Os participantes, ao final do ciclo, poderão solicitar ao BC autorização definitiva para funcionar[418].

No âmbito de competência da SUSEP, por meio das Circulares nº 381 e 598, que dispuseram sobre autorização, funcionamento por tempo determinado, regras e critérios para operação de produtos, transferência de carteira e envio de informações das sociedades seguradoras participantes exclusivamente de ambiente regulatório experimental (Sandbox Regulatório) que desenvolvam projeto inovador mediante o cumprimento de critérios e limites previamente estabelecidos; o primeiro ciclo também se iniciou em 2020, tendo sido concedidas autorizações temporárias a 6 (seis) empresas[419]. O primeiro *cohort* (nome atribuído pela CVM aos ciclos) iniciou-se em 16.11.2020 e, posteriormente, as aplicações pas-

---

[417] Informação disponível em <https://www.bcb.gov.br/estabilidadefinanceira/sandbox> Acesso em 01 de dezembro de 2021.

[418] Informação disponível em <https://www.bcb.gov.br/estabilidadefinanceira/sandbox> Acesso em 01 de dezembro de 2021.

[419] Informação disponível em: <http://www.susep.gov.br/menu/sandbox-regulatorio>. Acesso em 17 de fevereiro de 2021.

saram a ser analisadas pela autarquia[420]. As iniciativas demonstram-se pertinentes na medida em que, como regra, o Direito Regulatório não é capaz de acompanhar as disrupções causadas pelo exponencial avanço tecnológico, marcado pela atuação das FinTechs e Startups.

Em maio de 2021, a Instrução Normativa CVM nº 29 dispôs sobre as regras atualizadas para constituição e funcionamento de ambiente regulatório experimental e revogou a Instrução CVM nº 626, que tratava do mesmo tema. Os pontos principais de inovação que a normativa traz são: (i) o proponente não pode estar proibido de contratar com instituições financeiras ou participar de licitações, nem estar inabilitado ou suspenso para exercer cargo em instituição financeira e demais entidades, (ii) o proponente deve demonstrar capacidade de estabelecer mecanismos de proteção contra ataques cibernéticos, guarda de registros e informações, inclusive para realização de auditorias, prevenção à lavagem de dinheiro, (iii) o modelo de negócio precisa ser inovador. Assim, as fases de apresentação, análise da proposta, monitoramento, comunicação e encerramento permanecem as mesmas.

Em junho de 2021, a Lei Complementar nº 182 estabeleceu o marco legal das startups, dispondo também sobre o Sandbox Regulatório. Em seu art. 2º, definiu seu conceito como o conjunto de condições especiais simplificadas para que as pessoas jurídicas participantes possam receber autorização temporária dos órgãos ou das entidades com competência de regulamentação setorial para desenvolver modelos de negócios inovadores e testar técnicas e tecnologias experimentais, mediante o cumprimento de critérios e de limites previamente estabelecidos pelo órgão ou entidade reguladora e por meio de procedimento facilitado.

Já em seu Capítulo V, a legislação dispôs, em seu art. 11 que os órgãos e as entidades da administração pública com competência de regulamen-

---

[420] PORTARIA/CVM/PTE/Nº 75, de 29 de junho de 2020. Disponível em: < https://www. gov.br/cvm/pt-br/assuntos/noticias/anexos/2020/portaria_cvm_pte_75_2020_comite_ sandbox.pdf-58b184bf48494336b0cf43e47feb009c>. Acesso em 18 de fevereiro de 2021. Comissão de Valores Mobiliários. CVM inicia processo de admissão de participantes ao sandbox regulatório. Rio de Janeiro, 03 nov. 2020. Disponível em: <https://www.gov. br/cvm/pt-br/assuntos/noticias/cvm-inicia-processo-de-admissao-de-participantes-ao- -sandbox-regulatorio-6be91db760f140e99e7570a82ec8d346>. Acesso em 18 de fevereiro de 2021.

SANDBOX REGULATÓRIO

tação setorial poderão, individualmente ou em colaboração, no âmbito do Sandbox, afastar a incidência de normas sob sua competência em relação à entidade regulada ou aos grupos de entidades reguladas. Enfatizou também que a colaboração poderá ser firmada entre os órgãos e as entidades, observadas suas competências e que, ainda, o órgão ou a entidade disporá sobre o funcionamento do programa de ambiente regulatório experimental e estabelecerá os critérios para seleção ou para qualificação do regulado, a duração e o alcance da suspensão da incidência das normas e as normas abrangidas.

Em outubro de 2021, no âmbito paranaense, foi promulgada a Lei Estadual nº 20.744, para regular a constituição e normas gerais de funcionamento de ambiente regulatório experimental, focalizada no fomento e apoio da inovação tecnológica no Estado do Paraná, com base na Lei Estadual de Inovação, tanto para incentivar as empresas locais ou as que queiram se instalar no Estado do Paraná, a realizarem investimentos em pesquisa científica, tecnológica e de inovação, quanto para impulsionar pesquisadores, empreendedores e empresas instaladas (ou que queiram se instalar) no Estado do Paraná, a desenvolver e aperfeiçoar projetos de pesquisa científica, tecnológica e de inovação.

Possui como objetivos o fortalecimento da base técnico-científica no estado, constituída por entidades de ensino, pesquisa e prestação de serviços técnicos especializados e por empresas privadas de produção de bens e serviços de elevado conteúdo tecnológico. Também se volta à criação de empregos e renda mediante o aumento e a diversificação das atividades econômicas que tenham por base a geração e a aplicação de conhecimento técnico e científico, e a orientação dos participantes sobre questões regulatórias durante o desenvolvimento das atividades, para aumentar a segurança jurídica de seus empreendimentos.

Sobre esse último ponto, importante enfatizar a preocupação da legislação com relação à diminuição de custos e tempo de maturação no desenvolvimento de produtos, serviços e modelos de negócio inovadores, bem como a busca pelo aumento da taxa de sobrevivência e sucesso das empresas locais que desenvolvem atividades de inovação. Por meio da expansão de visibilidade e tração de modelos de negócio inovadores existentes no estado e ampliação da competitividade das empresas, pretende fomentar a inclusão financeira decorrente do lançamento de produtos e serviços menos custosos e mais acessíveis e aprimorar o arcabouço regulatório aplicável às atividades a serem posteriormente regulamentadas para disseminar a cultura inovadora e empreendedora em todas as áreas de atuação ao alcance do Estado do Paraná.

A lei estabeleceu os conceitos e critérios de participação, seguindo as demais regulações nacionais, inclusive nos pontos problemáticos. A legislação sobre o Sandbox no que concerne ao mercado financeiro encontra seu primeiro obstáculo no fato de que as empresas participantes se encontram em setores regulados em âmbito federal, de modo que a descentralização legislativa não pode ser atingida. Ainda, podem-se constatar parâmetros muito genéricos, que não abordam, por exemplo, os procedimentos para o fim do período de testes, de modo que o destino dos projetos (prazos para adequação à legislação em vigor, prazo para criação de regras específicas) permanece incerto. Assim, com o objetivo de avaliar a viabilidade social e econômica de inovações, entender como elas se encaixam nas regulações vigentes e que mudanças podem ser feitas, é necessário entender, com exatidão, como procederão as empresas que participarem do Sandbox, após o término da sua vigência.

Problemas agravados quando, em novembro de 2021, Curitiba estabeleceu, por meio do seu Decreto nº 1185, o Sandbox Regulatório praticamente restrito ao tema de mobilidade urbana e *smart cities*, com os objetivos de fomento à inovação em escala urbana por meio de testes de inovação em áreas pré-definidas, orientação sobre questões regulatórias durante o desenvolvimento de experimentações, diminuição de custos e tempo de validação no desenvolvimento de produtos, serviços e modelos de negócios inovadores e promoção da segurança jurídica com maior atratividade ao capital investido.

Assim, a Prefeitura estabelece ambientes experimentais de inovação, por meio de um Comitê Gestor, que elabora edital com critérios, prazos e regras para a seleção de projetos, podendo solicitar ao órgão municipal competente o afastamento ou a adequação temporária de normas específicas, contendo duração e alcance do afastamento das normas requeridas. O comitê é composto por três representantes de secretarias (Secretaria do Governo Municipal, Secretaria Municipal de Planejamento, Finanças e Orçamento, Secretaria Municipal de Administração e de Gestão de Pessoal) e um da Agência Curitiba S/A. Entre suas atribuições, deve elaborar e publicar editais de chamamento, monitorar e avaliar a eficácia do Sandbox, acompanhar o desempenho dos experimentos e interagir e cooperar com órgãos da Administração Pública.

Segundo o art. 4º da normativa, são presumidas como soluções de caráter inovador, elegíveis ao Programa Sandbox Curitiba, os produtos, serviços e processos que possam ser aprimorados por meio de testagem científica e tecnológica a ser devidamente aprovada nos Bancos de Testes por ato do Comitê Gestor, contemplando temas ligados a Cidades Inteligentes (Smart Cities), Big Data, Internet das Coisas (IoT) ou Indústria 4.0, entre outros; que devem ser submetidas ao ciclo experimental de 6 (seis) a 12 (doze) meses, podendo esse período ser renovado. Estabelece-se, ainda, que ao término de cada ciclo, emite-se relatório de acompanhamento e os resultados devem ser registrados para melhorar políticas públicas municipais.

Apesar da limitação temática, o decreto propõe a articulação da academia, setor produtivo e Administração Pública, em um diálogo que potencializa o desenvolvimento dos municípios, com a promoção do conhecimento local, uma vez que os testes controlados permitem entender o cenário econômico. Ainda, os municípios podem ter acesso a informações que podem ser úteis à tomada de decisão do agente público, de modo que, se por um lado a regulação pode ser uma barreira à existência de inovação, por outro o Sandbox pode destravar o desenvolvimento, especialmente quando permite compreender os potenciais de inovação nos diversos setores econômicos e a clareza do ecossistema local, identificando atores envolvidos e entendendo os incentivos que os atores têm para desenvolver negócios no município.

Assim, a autorização do exercício da atividade dentro do espaço Sandbox, desde que respeitadas as regras e os limites estabelecidos para sua atuação permite que os reguladores financeiros monitorem os riscos do mercado por meio da reinvenção da função regulatória que, espera-se, contribua para o desenvolvimento do mercado. A sistemática gera benefícios para as empresas interessadas, que aproveitam o benefício do regime especial para exercer suas atividades com a minimização do risco de incorrerem em infrações legais ou regulatórias. Ademais, o processo vai ao encontro da melhora na curva de aprendizado, de forma respeitosa às formas de negócio inovadoras. A análise quanto à conveniência ou não da ação regulatória fica postergada.

A utilização do Sandbox como espaço seguro para os testes de inovações tecnológico-financeiras, possibilitando ao regulador analisar os riscos inerentes a determinada inovação, e, ao regulado, resguardar-se em relação a eventual descumprimento de normas regulatórias, beneficiando-se, em paralelo, de isenções regulatórias temporárias[421]; atingiu protagonismo no cenário da regulação financeira por conta das fintechs. A dinâmica de exercício das atividades em um ambiente controlado com a identificação de eventuais necessidades de aprimoramento envolvendo proteção do consumidor ou o melhor funcionamento do mercado[422] facilita o acesso a investimentos pelos participantes[423], a redução dos custos e do tempo de maturação para desenvolvimento de produtos, serviços e modelos de negócio inovadores, a promoção da inclusão financeira e o aumento da concorrência, reduzindo, por consequência, os custos repassados aos consumidores.

Sabe-se que ainda é muito prematuro tentar prever se o Sandbox Regulatório brasileiro, de fato, alcançará as expectativas de sua criação. Porém, em vista dos resultados positivos nos demais países em que foi

---

[421] BROMBERG, Lev; GODWIN, Andrew; RAMSAY, Ian. Fintech sandboxes: achieving a balance between regulation and innovation. **Journal of Banking and Finance Law and Practice**, v. 28, p. 314-336, 2017, p. 318. ARNER, Douglas. Fintech and Regtech: enabling innovation while preserving financial stability. **Georgetown Journal of International Affairs**, v. 18, p. 47-58, 2017, p. 51.

[422] LERONG, Lu. Promoting SME finance in the context of the fintech revolution: a case study of the UK's practice and regulation. **Banking and Finance Law Review**, v. 33, p. 317-343, 2018. Disponível em: <https://ssrn.com/abstract=3144767>. Acesso em: 15 de outubro de 2021, p. 332-333.

[423] De acordo com o Relatório divulgado pela UK Financial Conduct Authority, autoridade que regula o mercado de capitais britânico, destacam que há indicativos de que a participação das empresas no projeto do sandbox promovem um nível de segurança em vista do acompanhamento próximo da FCA nos testes e da redução dos riscos em relação aos aspectos regulatórios, o que, por sua vez, facilita o acesso dessas empresas a investimentos (UK Financial Condutc Authority, **Regulatory sandbox lessons learned report**, 2017. Disponível em: <https://www.fca.org.uk/publication/research-and-data/regulatory-sandbox-lessons-learned-report.pdf>. Acesso em: 10 de outubro de 2021).

SANDBOX REGULATÓRIO

implementada[424], é possível dizer que, no mínimo, o cenário é promissor, especialmente no que se refere ao setor financeiro, em constante processo de inovação.

---

[424] A título de exemplo, destacam-se as informações constantes do já mencionado Relatório divulgado pela UK Financial Conduct Authority, em que se pontuou que, além dos avanços tecnológicos, 77% das empresas que participaram da primeira rodada de testes, entraram no mercado. É o caso, por exemplo, da AssetVault, que visa catalogar, em um só local, e proteger todos os bens e valores (tanto físicos quanto digitais) dos seus usuários. A plataforma fornece instrumentos tanto para a organização e gestão mais eficiente dos bens quanto para sua proteção, fazendo análises dos seguros mais apropriados aos ativos de cada usuário.

CONCLUSÕES

O Direito encontra seus fundamentos desafiados pelos impactos que as novas tecnologias e o ecossistema digital impõem à sociedade. Devido à impossibilidade de atuação preventiva, em virtude da dificuldade de antecipação dos potenciais efeitos, devem ser utilizadas as normas já dispostas, se suficientes, e, quando necessário, aplicar-se limites regulatórios, como decorrência das correspectivas transformações sociais.

No que se refere ao mercado financeiro, observa-se que, no Brasil, desde a vinda da família real portuguesa e o início do desenvolvimento das estruturas financeiras até o momento atual, o sistema adequou-se de acordo com as necessidades exigidas nos diferentes contextos.

Porém, o que se convencionou denominar como oitavo momento regulatório brasileiro do mercado financeiro, possui o desenvolvimento de um elemento muito especial e particularmente difícil de lidar: a tecnologia. A fluidez com a qual ocorrem as transações, o deslocamento da moeda para a abstração, os espaços de autorregulação dos mecanismos de execução de contratos, dentre outros aspectos, colocam em questionamento a própria regulamentação, sua condução, sua projeção, sua operação e, eventualmente, sua necessidade. O ambiente digital promove a disrupção e modifica o aprendizado coletivo e cumulativo, transformando o sistema de crenças e instituições que não mais possam ofertar soluções eficientes às novas demandas sociais.

Desse modo, no mercado financeiro, o conjunto de instituições e instrumentos utilizados pelos agentes econômicos, que nem sempre estão adequados às inovações, exigem, por vezes, a atuação regulatória preventiva, sem sopesar os efeitos econômicos e geram efeitos negativos de morosidade e ineficiência. Por esse motivo, analisou-se as teorias regu-

SANDBOX REGULATÓRIO

latórias, na busca da melhor fundamentação para a intervenção estatal, de modo que Stigler é quem melhor define a regulação, ao compreender que se deve pensar em quem receberá os benefícios ou ônus regulatórios e de que forma ela será imposta, tomados os efeitos sobre a alocação de recursos, risco do excesso e a limitação da racionalidade do agente regulador.

Dessa forma, é possível concluir que o Estado deve se restringir a atuar no saneamento das disfunções estruturais e, ainda assim, pode incorrer em falhas que geram desestímulo ao investimento e à atuação no mercado.

É preciso considerar, nesse ponto, que os riscos decorrentes da regulação se potencializam perante as inovações tecnológicas. Questiona-se desde a legitimidade do ente regulador e o instrumento jurídico adequado até os limites aplicados e as penalidades. Assim, é preciso considerar a potencial desconexão regulatória e seus elementos de descompasso em virtude do *timing* e o alto grau de incerteza e complexidade das inovações, bem como o risco sistêmico que as mudanças podem ocasionar no setor, levando-se em consideração a aquisição de conhecimento em condições de incerteza, o processamento de informação, a necessidade de coordenação, todos fatores influenciados pelas externalidades.

A inovação no mercado financeiro impõe novas formas de organização das instituições financeiras, motivo pelo qual buscou-se analisar a complexidade regulatória e os seus elementos. A complexidade dos mercados financeiros modernos é agravada pelo ritmo da inovação e é uma função com duas variáveis: custos de informação e racionalidade limitada.

Tais características são favoráveis ao oportunismo, por meio do uso da assimetria informacional de forma autointeressada e maliciosa pelo agente econômico, seja por meio de distorções fáticas ou condutas jurídicas.

Nos mercados financeiros, considerou-se quatro questões como fundamentais na análise da eficiência regulatória: a tecnologia conectiva, que auxilia na compreensão da integração dos mercados financeiros e da rapidez com quem fluem suas conexões; a distorção informacional, consequência dessa velocidade, visto que a informação pode estar indisponível ou embaraçada; a fragmentação regulatória, que expõe os interesses econômicos e a modelação das normas conforme a demanda; e a reflexividade, o fator humano e sua cognição limitada.

A inovação financeira não se apresenta como um processo de mudança evidente e tampouco necessariamente aponta melhorias para a vida em sociedade, podendo ser uma resposta racional do lado da demanda às imperfeições do mercado ou uma dinâmica do lado da oferta que busca favorecer os próprios agentes econômicos. Por esse motivo, buscou-se analisar os modelos regulatórios internacionais do mercado financeiro, para compreender qual seria o melhor sistema.

Em termos internacionais, a regulação norteia-se pelas diretrizes do Banco Mundial e tende a consolidar a supervisão prudencial dos Bancos Centrais e, após analisar os modelos da China, da Alemanha, da França, da Austrália e dos Estados Unidos, entende-se que a base de delimitação das funções de supervisão regulatória e sua respectiva descentralização conferem melhores resultados. Isto pois, diminui as divergências de interesses dos reguladores e seus respectivos objetivos, abrangendo as demandas com maior clareza, proximidade e métodos adequados para cada qual.

A partir desse cenário, pôde-se inserir no trabalho a ferramenta da Análise Econômica do Direito para buscar, pela via institucionalista do movimento, junto ao complexo regulatório internacional exposto, a resposta mais adequada para promover a eficiência regulatória do mercado financeiro. Perpassando pela formação da corrente de pensamento, desde a base precursora à apresentação e aceitação da disciplina até o questionamento e reformulação do tema.

Salienta-se que foi adotada a abordagem da Nova Economia Institucional no presente trabalho por possibilitar a interação entre Economia e Direito sob o prisma das instituições, de modo que o Direito representa ou promove um comportamento a partir do conjunto das regras que prevê e de acordo com o ambiente em que se aplica.

Nessa vertente, Coase parte da análise da atividade econômica, seus potenciais danos e respectivas responsabilizações, sob o pressuposto da eficiência e da implicação do Direito no caminho da eficiência, ou seja, da adequação das instituições jurídicas e, consequentemente, dos arranjos sociais. O mesmo autor foi ainda destacado no trabalho em razão do desenvolvimento de teoria sobre os custos de transação que impõem aos agentes econômicos a busca por mecanismos de alocação de mercados, assim como pela ênfase de seu trabalho na análise das externalidades que podem influenciar no processo decisório e serem resolvidas por negociações privadas – local privilegiado da eficiência.

Também Williamson é revisitado, em razão da complementariedade de seu pensamento em relação à Coase. Williamson elege atributos aplicáveis às transações, a incerteza (inclusive aquelas promovidas pelas mudanças do ambiente econômico), a frequência dos negócios entre os agentes e a especificidade dos ativos tangíveis e intangíveis.

Ainda no pensamento econômico neoinstitucionalista, foi importante ferramenta de análise a proposta de North quando identifica as instituições como regras de comportamento que influenciam comportamentos e interferem no desempenho econômico, ao mesmo tempo em que são impactadas pela cognição humana, todos fatores que devem ser considerados nas diretrizes das políticas de desenvolvimento.

Para North, mercados eficientes são aqueles criados em um mundo no qual a competição é forte o suficiente e o feedback de informações eficiente, de forma a que se possa aproximar das condições de custo de transação zero -transação maximizadora dos ganhos do comércio a ponto de se cogitar da desnecessidade das instituições. Todavia, o ambiente de custos de transação zero é utópico, visto que os fatores econômicos e políticos são dinâmicos e modificam-se pelas inovações, causando instabilidades.

Assim, ao autorizar o funcionamento dos negócios de empresas inovadoras acompanhado do monitoramento dos riscos do mercado, como uma reinvenção da função regulatória, o Sandbox Regulatório se apresenta como uma opção na busca pelo desenvolvimento econômico.

As empresas inseridas nessa sistemática podem aproveitar o regime especial para desenvolver suas atividades, sem o risco de incorrerem em infrações legais ou regulatórias. Esse ambiente procura a melhor performance na curva de aprendizado das formas de negócio inovadoras, relegando-se a análise e eventual intervenção regulatória para um momento posterior, com potenciais impactos nos resultados relativos ao desempenho econômico.

Em continuidade, não se pode desconhecer que a mudança econômica é indissociável da compreensão das regras formais, informais e características de execução que moldam o desempenho econômico. Da mesma forma em relação às políticas públicas, seu aparato legal e influência no desempenho econômico, assim como fatores da eficiência adaptativa essencial para o crescimento a longo prazo.

É por isso que o ordenamento jurídico, como instituição social, deve estabelecer estruturas flexíveis que possam se adequar às mudanças evolutivas que advém da complexidade social e da tecnologia, buscando a eficiência adaptativa baseada no estabelecimento de relações democráticas, no incentivo ao conhecimento produtivo e na garantia das liberdades individuais, o que não acontece no curto prazo.

Basu, outra referência no trabalho, ao mesmo tem em que apresenta os seus pressupostos da racionalidade e demonstra as implicações políticas e sociais da legislação, enfatisa a necessidade de internacionalização. Internacionalização que assume importância peculiar no que diz respeito ao âmbito do mercado financeiro.

Neste mercado são três os atores-chave: as agências financeiras internacionais, os blocos econômicos regionais e o setor privado. As agências focam em abordagens padronizadas para a formação de instrumentos de controle que possam melhorar a estabilidade e transparência dos mercados e prevenir possíveis crises, de modo que os blocos econômicos tendem a segui-las, observando as suas particularidades. Mas é no setor privado que se deve focar, visto que, apesar das normativas internacionais, segue preponderantemente a regulação dos Bancos Centrais nacionais. Nesse cenário, observa-se que regulação do mercado financeiro é conveniente do ponto de vista estrutural, porém, determinados modelos nacionais carecem de atualizações.

É o caso do Brasil e o motivo pelo qual o país passou a adotar, paulatinamente, o Sandbox Regulatório, por meio da regulamentação da Comissão de Valores Imobiliários, da Superintendência de Seguros Privados, do Banco Central e do Conselho Monetário Nacional.

Por se tratar de uma metodologia por meio da qual o regulador confere uma autorização temporária para que determinadas empresas prestem serviços ou ofereçam produtos financeiros com flexibilização em relação à regulamentação vigente, desde que suas atividades estejam dentro dos limites pré-estabelecidos pelo regulador. O sistema pressupõe a dispensa de observância de determinadas regras pelo participante, concessão de

SANDBOX REGULATÓRIO

um regime de registro especial ou, até mesmo, a determinação de que o participante não estará sujeito a sanções no exercício de sua atividade.

Sendo assim, considerando que nesse modelo os reguladores financeiros autorizam o funcionamento dos negócios de empresas inovadoras com a finalidade de promover o monitoramento dos riscos, consagra-se uma especial função regulatória para o desenvolvimento do mercado financeiro, compatível com a perspectiva da melhora na curva de aprendizado e com as formas inovadoras de negócios, relegando a um momento posterior a análise quanto à conveniência ou não da ação regulatória no setor.

Conclui-se que o Sandbox Regulatório pode minimizar os problemas relacionados à complexidade regulatória, especialmente no que diz respeito à distorção informacional e reflexividade, pois permite que os agentes econômicos atuem em um ambiente mais flexível, incentivando a eficiência adaptativa e servindo à promoção da melhor regulação.

REFERÊNCIAS

ACCIARRI, Hugo A. **Elementos da Análise Econômica do Direito dos Danos**. Coord. Marcia Carla Pereira Ribeiro. São Paulo: Editora Revista dos Tribunais, 2014.

AGLIETTA, Michel. Lidando com o risco sistêmico. Traduzido do inglês por Maria Clara Paixão de Sousa. Revisão técnica de Antonio Carlos Macedo e Silva. **Economia e Sociedade**, Campinas, (11): 1-32, dez. 1998.

ALVAREZ, Alejandro Bugallo. Análise econômica do direito: contribuições e desmistificações. **Direito, Estado e Sociedade** – v.9 – n.29 – p 49 a 68 – jul/dez 2006.

ANDREZO, A.F.; LIMA, I.S. **Mercado Financeiro**: Aspectos Históricos e Conceituais. São Paulo: Pioneira, 2002.

ARAÚJO, Fernando. **Teoria Econômica do Contrato**. Coimbra: Almedina, 2007.

ARAUJO, Victor Leonardo; CINTRA, Marcos Antonio Macedo. O papel dos bancos públicos federais na econômica brasileira. **Instituto de Pesquisa Aplicada**, 2011.

ARGYRES, N.; ZENGER, T. **Capabilities, transaction costs, and firm boudaries: a dynamics perspective and integration.** Social Science Research Network (SSRN). Disponível em <SSRN> Jun/2008.

ARNER, Douglas. Fintech and Regtech: enabling innovation while preserving financial stability. **Georgetown Journal of International Affairs**, v. 18, p. 47-58, 2017.

—; BARBERIS, Janos; BUCKLEY, Ross P. FinTech and RegTech in a nutshell, and the future in a sandbox. **University of Hong Kong Faculty of Law Research Paper n. 40**, 2017. Disponível em: <https://ssrn.com/abstract=3088303>. Acesso em: 12 de novembro de 2021.

—; BARBERIS, Jànos; BUCKLEY, Ross P. Fintech and Regtech in a nutshell, and the future in a sandbox. **CFA Research Institute Foundation**, 2017.

ARROW, K. J. The Organization of Economic Activity: Issues Pertinent to the Choice of Market Versus Non-market Allocation. In: **U.S. Government Printing Office**: Washington, D.C.; 1969;59–73. The Analysis and Evaluation of Public Expenditure: The PPB System. 1 U.S. Joint Economic Committee, 91th Congress, 1st Session.

—. The Organization of economic activity: issues pertinent to the choice of market versus nonmarket allocation. In: **The Analysis and evaluation of public expenditure**. Cambridge: Harvard University Press, 1969.

AUGUSTO, Cleiciele Albuquerque; SOUZA, José Paulo de. **Estruturas de Governança e Recursos Estratégicos: um estudo sobre a capacidade de resposta às leis ambientais em destilarias no estado do Paraná**. In: RESR, Piracicaba-SP, Vol. 50, Nº 3, p. 411-434, Jul/Set, 2012.

AVGOULEAS, Emilios. **What Future for Disclosure as a Regulatory Technique?** Lessons from the Global Financial Crisis and Beyond. Working Paper, 2009. Disponível em <http://papers.ssrn.com/sol3/papers.cfm?abstract-id 1369004> Acesso em 01 de julho de 2021.

BANCO CENTRAL DO BRASIL. **Programa desenvolvido pelo BC leva à criação de 12 projetos de inovação para o SFN**. Disponível em: https://bit.ly/2Ef2shV. Acesso em: 11 de dezembro de 2021.

BANCO INTERAMERICANO DE DESENVOLVIMENTO; IDB Invest; FINNO-VISTA. **Fintech: América Latina 2018**: Crescimento e consolidação. Disponível em: <https://publications.iadb.org/publications/portuguese/document/Fintech-Ame%CC%81rica-Latina-2018-Crescimento-e-consolidacao.pdf>. Acesso em 16 de fevereiro de 2021.

BARBERIS, Nicholas; THALER, Richard. A Survey of Behavioral Finance. In George Constantinides, Milton Harris and Ren Stulz. **Handbook oJ the Economics of Finance**. Elsevier, Amsterdam, 2003. Disponível em < nber.org/system/files/working_papers/w9222/w9222.pdf> Acesso em 01 de julho de 2021.

BARTLETT, Robert. **Making Banks Transparent**, 65 VAND. L. REv. 293, 2012. Disponível em <https://papers.ssrn.com/sol3/papers.cfm?abstract_id=1884437> Acesso em 05 de julho de 2021.

BASU, Kaushik. Globalization and the Politics of International Finance: The Stiglitz Verdict. A review article on Joseph Stiglitz: Globalization and Its Discontents, **Norton & Co.,** New York, 2002.

—. The Republic of Beliefs. **Princeton University Press**, 2018.

BENTHAM, Jeremy. **An Introduction to the Principles of Morals and Legislation,** 1789. Disponível em: <http://www.earlymoderntexts.com/assets/pdfs/bentham1780.pdf>. Acesso em: 02 dez. 2017.

BINENBOJM, Gustavo. **Poder de polícia, ordenação, regulação:** transformações político-jurídicas, econômicas e institucionais do direito administrativo ordenador. Belo Horizonte: Fórum, 2016.

BITTAR, **Introdução ao estudo do direito:** humanismo, democracia e justiça, 2018.

BLAUG, M. The Methodology of Economics – or how economists explain. 2. ed. Cambridge: **Cambridge University Press,** 1994.

BOBBIO, Norberto. **O Positivismo Jurídico:** lições da filosofia do Direito. São Paulo: Ícone, 1995.

BRASIL. **Decreto-Lei nº 7.293 de 2 de fevereiro de 1945.** Disponível em <http://www.planalto.gov.br/ccivil_03/decreto-lei/1937-1946/del7293.htm> Acesso em 01 de junho de 2021.

BROMBERG, Lev; GODWIN, Andrew; RAMSAY, Ian. Fintech sandboxes: achieving a balance between regulation and innovation. **Journal of Banking and Finance Law and Practice,** v. 28, p. 314-336, 2017.

BRUMMER, Chris. **Soft Law and the Global Financial System.** New York: Cambridge University Press, 2015.

—; YADAV, Yesha. Fintech and the innovation trilemma. **Georgetown Law Journal,** 2018 (forthcoming). Disponível em: <https://ssrn.com/abstract=3054770>. Acesso em: 10 de outubro de 2021.

BUCHANAN, J.M. The Domain of Constitutional Economics, **Constitutional Political Economy,** 1-18, 1990.

BUENO, Newton P. A nova economia institucional e a historiografia clássica do período colonial brasileiro. In: **Anais do V Congresso Brasileiro de História Econômica.** Belo Horizonte: ABPHE, 2003.

BUFFET, Warren. **Letter to Shareholders of Berkshire Hathaway,** May 2, 2009. Disponível em <http://www.berkshirehathaway.com/letters/ 2008ltr.pdf> Acesso em 01 de abril de 2020.

CABALLERO, Ricardo; SIMSEK, Alp. Complexity and Financial Panics. **Nat'l Bureau of Econ. Research.** Working Paper No. 14997, 2009. Disponível em <http://papers.ssrn.com/sol3/papers.cfm?abstract id= 1414382> Acesso em 09 de julho de 2021.

CALABRESI, Guido, Some thoughts on risk distribution and the law of torts. **The Yale Law Journal,** v. 70, n. 4, p. 499–553, 1961.

CAVALCANTE, Carolina Miranda. A Economia Institucional e as Três Dimensões das Instituições. **Revista de Economia Contemporânea** (2014) 18(3).

CHANG, H. J.; EVANS, P. The role of institutions in Economic Change. In: DYMSKI, G.; PAUL, S. (Eds.) Re-imagining Growth. London: **Zed Press**, 2005.

CHARI, Raj; HOGAN, John; MURPHY, Gary. Regulating lobbying: a global comparison. England: **Manchester University Press**, 2010.

CHIU, Iris H-Y. Fintech and disruptive business models in financial products, intermediation and markets-policy implications for financial regulators. **Journal of Technology Law & Policy**, v. 21, 2016.

—. Regulating (from) the inside: the legal framework for internal control in banks and financial institutions. London: **Bloomsbury**, 2018.

CIHÁK, Martin; DEMIRGÜÇ-KUNT, Aslı; FEYEN, Erik; LEVINE, Ross. Benchmarking Financial Systems around the World. **Policy Research Working Paper 6175 – World Bank**. Disponível em <https://documents1.worldbank.org/curated/en/868131468326381955/pdf/wps6175.pdf> Acesso em 10 de outubro de 2021.

COASE, Ronald H. The Institutional Structure of Production. **The American Economic Review**. v. 82, n. 4, p 713-719, set. 1992.

—. Law and economics at Chicago, **The Journal of Law and Economics**, v. 36, n. 1, Part 2, p. 239–254, 1993.

—. **The nature of the Firm. Economica**. v. 4, 1937.

—. The new institutional economics. **The American Economic Review**, v. 88, n. 2, p.72-76, mai. 1998.

—. The problem of social cost. **The Journal of Law and Economics**, v. III, 1960.

Columbia Business School. **Regulatory Sandboxes**. Disponível em: <https://dfsobservatory.com/content/regulatory-sandboxes>. Acesso em: 18 de agosto de 2021.

COMISSÃO DE VALORES MOBILIÁRIOS. CVM inicia processo de admissão de participantes ao sandbox regulatório. Rio de Janeiro, 03 nov. 2020. Disponível em: <https://www.gov.br/cvm/pt-br/assuntos/noticias/cvm-inicia--processo-de-admissao-de-participantes-ao-sandbox-regulatorio-6be91db-760f140e99e7570a82ec8d346>. Acesso em 18 de fevereiro de 2021.

—. **Supervisão baseada em risco**: relatório semestral, julho-dezembro 2017. Disponível em: <http://bit.ly/2DQyOQu>. Acesso em: 21 de novembro de 2021.

COMMONS, J. Institutional economics. **American Economic Review**, v. 21, p. 648-657, 1931.

CONCEIÇÃO, Octavio. **A centralidade do conceito de inovação tecnológica no processo de mudança estrutural**. Ensaios FEE, Porto Alegre, v.21, n.2, p.58-76, 2000.

CONGRESSIONAL RESEARCH SERVICE. **Who Regulates Whom?** An Overview of the U.S. Financial Regulatory Framework. Appendix A. Disponível em <https://sgp.fas.org/crs/misc/R44918.pdf> Acesso em 08 de setembro de 2021.

CONSUMER FINANCIAL PROTECTION BUREAU. **CFPB Finalizes Policy to Facilitate Consumer-Friendly Innovation**. Disponível em: <https://bit.ly/2zQN88g>. Acesso em: 10 de novembro de 2021.

COOTER, R. Expressive Law and Economics. **Journal of Legal Studies**. 1998.

—; e ULEN, T. **Law and economics**. 2ª ed. Califórnia: Addison-Wesley, 1996.

CORAZZA, Gentil (2000). **Os dilemas da supervisão bancária**. Indicadores Econômicos FEE, v. 28, n. 1.

COUNTERPARTY RISK MGMT. **Policy group, containing systemic risk**: the road to reform, 53, 2008. Disponível em <http://www.crmpolicygroup.org/docs/CRMPGIII.pdf> Acesso em 15 de junho de 2021.

COUTINHO FILHO, Augusto. Regulação 'Sandbox' como instrumento regulatório no mercado de capitais: principais características e práticas internacionais. **Revista Digital de Direito Administrativo**, vol. 5, n. 2, p. 264-282, 2018. Disponível em <DOI: http://dx.doi.org/10.11606/issn.2319-0558.v5n2p264-282> Acesso em 10 de março de 2021.

CVM – Comissão de Valores Mobiliários. **O mercado de valores mobiliários**. Portal do Investidor. Disponível em: https://www.investidor.gov.br/menu/Menu_Investidor/introducao_geral/introducao_mercado.html Acesso em 11 de maio de 2021.

DALLEDONE, Rodrigo Fernandes Lima. **O Programa de Parceira de Investimentos (PPI) e o papel do Estado na economia**. Revista de Direito Público da Economia: RDPE, ano 15, nº 57. Belo Horizonte: Fórum, janeiro/março – 2017.

DAN, Wei. **Globalização e interesses nacionais**: a perspectiva da China. Coimbra: Almedina, 2006.

DELOITTE. **Regulatory Sandbox**: Making India a Global Fintech Hub, julho de 2017. Disponível em <https://www2.deloitte.com/content/dam/Deloitte/in/Documents/%20technology-media-telecommunications/in-tmt-fintech-regulatory-sandbox-web.pdf> Acesso em 02 de janeiro de 2020.

DENNIS, Brady; MUFSON, Steven. Bankers Lobby Against Financial Regulatory Overhaul, **Wash Post**. Mar. 19, 2010. Disponível em <http://www.washing-

tonpost.com/wp-dyn/ content/article/2010/03/18/AR2010031805370.html> Acesso em 09 de junho de 2021.

DUFFIE, Darrell; RAHI, Rohit. Financial Market Innovation and Security Design: An Introduction, 65 J. **EcON. THEORY**, 1985. Disponível em < https://www. darrellduffie.com/uploads/surveys/DuffieRahiFinancialMarketInnovationSecurityDesign1995.pdf> Acesso em 21 de setembro de 2020.

DUPAS, Gilberto. **Ética e poder na sociedade da informação: de como a autonomia das novas tecnologias obriga a rever o mito do progresso**. 3. Ed. São Paulo: Editora UNESP, 2011.

DUXBURY, N. **Patterns of American Jurisprudence**. Oxford: Claredon Press, 2001.

ENGERMAN, S. L.; SOKOLOFF, K. L. Institutional and non-institutional explanations of economic differences. Cambridge, MA: **National Bureau of Economic Research**, 2003.

EVENSKY, Jerry. The evolution of Adam Smith's views on political economy. **History of political economy**, v. 21(1), 1989.

FARINA, Elizabeth M.M.Q; AZEVEDO, Paulo F; SAES, Maria Sylvia M. **Competitividade**: mercado, Estado e organizações. São Paulo: Editora Singular, 1997.

FEIGELSON, Bruno. **Sandbox**: o futuro da regulação. JOTA. Disponível em: <http://bit.ly/2PCUYMB>. Acesso em: 9 de julho de 2021.

FENWICK, Mark; KAAL, Wulf A.; VERMEULEN, Erik P. M. Regulation tomorrow: what happens when technology is faster than the law. **American University Business Law Review**, v. 6, p. 561-594, 2017.

FERRAN, Eilis. Understanding the New Institutional Architecture of E.U. Financial Market Supervision. **Cambridge Univ. Legal Studies**. Research Paper nº. 29/2011, 2010. Disponível em <http://papers.ssrn.com/sol3/papers. cfm?abstract-id= 1701147> Acesso em 01 de março de 2021.

FGV. **O Quadro Regulatório do Sistema Financeiro Internacional**. Working Paper 518 – CCGI Nº 21, 2019. Disponível em < https://bibliotecadigital.fgv. br/dspace/bitstream/handle/10438/28567/TD%20518%20-%20CCGI_21. pdf?sequence=1&isAllowed=y> Acesso em 09 de julho de 2021.

FINANCIAL CONDUCT AUTHORITY. **Regulatory sandbox lessons learned report**, 2017. Disponível em: <http://bit.ly/2Q9av6k>. Acesso em: 15 de outubro de 2021.

FINANCIAL SERVICES AUTHORITY. **The Turner Review**: a regulatory response 1º the global banking crisis, 2009. Disponível em <http://www.fsa.gov.uk/pubs/other/turner review.pdf> Acesso em 01 de julho de 2021.

FORD, Cristie. Innovation and the state: finance, regulation, and justice. New York: **Cambridge University Press**, 2017.

—. Systemic risk regulation in comparative perspective. **University of British Columbia Faculty of Law**, 2016. Disponível em <https://bit.ly/2Jo2V4b>. Acesso em: 02 de agosto de 2021.

FRANCO, Gustavo H. B. **A moeda e a lei**: uma história monetária brasileira. 1. Ed. Rio de Janeiro: Zahar, 2017.

FRIEDMAN, David D. Law's Order – What Ecoomics Has to Do with Law and Why it Matters, Princeton, **Princeton University Press**, 2000.

FRIEDMAN, M. The methodology of positive economics. In: HAUSMAN, D.M. (Ed.), **The philosophy of economics**: an anthology. Cambridge: Cambridge University Press. 1984.

FRITSCH, Winston. Apogeu e Crise na Primeira República: 1900-1930. In: ABREU, Marcelo de Paiva (org.) **A Ordem do Progresso**: cem anos de política econômica republicana 1889-1989 Atlas, 2015.

FURTADO, Celso. O subdesenvolvimento revisitado. **Revista Economia e Sociedade**. Instituto de Economia UNICAMP, v. 1, p. 5-19, 1992.

FURUBOTN, E.; RICHTER, R. Institutions and economic theory: the contribution of the new institutional economics. 2 ed. Ann Arbor: **The University of Michigan Press**, 2005.

GALESKI JUNIOR, Irineu. **A Análise Econômica do Direito e a Repetição do Indébito Tributário**. Dissertação (Mestrado) Pontifícia Universidade Católica do Paraná – PUCPR, Curitiba, 2008.

GARBADE, Kenneth; SILBER, William. **Technology, Communication, and the Performance of Financial Markets**, 33 J. FIN. 819, 1978. Disponível em < https://onlinelibrary.wiley.com/doi/abs/10.1111/j.1540-6261.1978.tb02023.x> Acesso em 21 de junho de 2021.

GENNAIOLI, Nicola; SHLEIFER, Andrei; VISHNY, Robert. Financial Innovation and Financial Fragility. **Fondazione Eni ENRICO MATTEI**, 2010. Disponível em <http://www.feem.it/userfiles/attach120109211528484NDL2010-114.pdf> Acesso em 10 de junho de 2021.

GOLDSMITH, R.W. **Brasil 1850 – 1984**: Desenvolvimento Financeiro sob um Século de Inflação. São Paulo: Harbra, 1986.

GREMAUD, A.P.; TONETO JUNIOR, R.; VASCONCELLOS, M.A.S. **Economia Brasileira Contemporânea**. 4. ed. São Paulo: Atlas, 2002.

HAURIOU, Maurice. **Teoria dell'istituzione e della fondazione**. Tradução italiana. Giuffrè Editore, 1967.

HARRIS, Ron. The uses of history in law and economics. **Theoretical Inquiries in Law** 4.2, 2003. Disponível em <https://www7.tau.ac.il/ojs/index.php/til/article/view/258/234> Acesso em 01 de julho de 2021.

HAYEK, Friedrich A. **The Constitution of Liberty**. Chicago: Chigado University Press, 1960.

HAZLITT, Henry. **Economia numa única lição**. 4. Ed. São Paulo: Instituto Ludwig von Mises Brasil, 2010.

HERRERA, Diego; VADILLO, Sonia. Sandbox regulatório na América Latina e Caribe para o ecossistema FinTech e o sistema financeiro. **Banco Interamericano de Desenvolvimento**. Disponível em: <http://bit.ly/2UOIQqS>. Acesso em: 18 de agosto de 2021.

HERMANN, J. Auge e Declínio do Modelo de Crescimento com Endividamento: O II PND e a Crise da Dívida Externa (1974 – 1984). In: GIAMBIAGI, F.; VILLELA, A. (org) et al. **Economia Brasileira Contemporânea** (1945 – 2004). Rio de Janeiro: Elseveir, 2005.

HILBERS, Paul; RAAIJMAKERS, Karina; RIJSBERGEN, David R.; VRIES, Femke. Measuring the Effects of Financial Sector Supervision (August 27, 2013). **De Nederlandsche Bank Working** Paper No. 388, Disponível em <https://ssrn.com/abstract=2321591> Acesso em 08 de agosto de 2021.

HODGSON, G. What are Institutions? **Journal of Economic Issues**, v. 40, n. 1, mar. 2006.

INMAN, Phillip. Financial Services Authority Chairman Backs Taxon "Socially Useless" Banks, **Guardian**. Aug. 27, 2009. Disponível em <http://www.guardian.co.uk/business/2009/aug/27/fsa-bonus-city-banks-tax> Acesso em 20 de junho de 2021.

INTERNATIONAL MONETARY FUND. Fintech and financial services: initial considerations. **Staff Discussion Note**, 2017. Disponível em: <http://bit.ly/2JQCFxq>. Acesso em: 8 de novembro de 2021.

INTERNATIONAL ORGANIZATION OF SECURITIES COMMISSIONS – IOSCO. **Research Report on Financial Technologies,** fevereiro de 2017. Disponível em <https://www.iosco.org/library/pubdocs/pdf/IOSCOPD554.pdf> Acesso em 02 de novembro de 2017.

ISAEVA, E.A.; LESHCHENKO J.G. Evaluation of the effectiveness of modern models of regulation of financial markets. **Journal of Creative Economy**. Institute of Economics RAS, Russia, 2019.

JENIK, Ivo; LAUER, Kate. **Regulatory Sandboxes and Financial Inclusion**. Working Paper, Washington, DC: CGAP, 2017.

JUDGE, Kate. Fragmentation Nodes: A Study in Financial Innovation, Complexity and Systemic Risk, **Stanford L. REv**. 101, 104-105, 2011. Disponível em <https://core.ac.uk/download/pdf/230170677.pdf> Acesso em 09 de julho de 2021.

KANE, Edward. Technology and the Regulation of Financial Markets. In **Technology and lhe regulation or financial markets: securirs, futures and banking**. 187-93, 1986. Disponível em <https://www.nber.org/system/files/chapters/c8106/c8106.pdf> Acesso em 01 de março de 2021.

KUPFER, David; HASENCLEVER, Lia. **Economia Industrial**: fundamentos teóricos e práticas no Brasil. Rio de Janeiro: Campus, 2002.

LAMY FILHO, Alfredo. A função social da empresa e o imperativo de sua reumanização. **Revista de Direito Administrativo**. Rio de Janeiro, n. 190, out./dez. 1992.

LANGDELL, Christopher Columbus. **A Selection of Cases on the Law of Contract**. Boston: Little, Brown and Company, 1891.

LERONG, Lu. Promoting SME finance in the context of the fintech revolution: a case study of the UK's practice and regulation. **Banking and Finance Law Review**, v. 33, p. 317-343, 2018. Disponível em: <https://ssrn.com/abstract=3144767>. Acesso em: 15 de outubro de 2021.

LIMA, G.T. Evolução Recente da Regulação Bancária no Brasil. In: SOBREIRA, R. (org) et al. **Regulação Financeira e Bancária**. São Paulo: Atlas, 2005.

LOPES, Rodrigo Lepski. **Crises financeiras e o paradigma da financeirização da riqueza abstrata**: os desafios para a superação do rentismo em suas formas contemporâneas. Campinas, São Paulol: [s.n.], 2010. Orientador: José Carlos de Souza Braga. Dissertação (mestrado) – Universidade Estadual de Campinas, Instituto de Economia.

LOPES, J.C.; ROSSETTI, J.P. **Economia Monetária**. 7. ed. São Paulo: Atlas, 1998.

MACKAAY, Ejan. History of Law and Economics. In: BOUCKAERT, Boudewijn; DE GEEST, Gerrit. **Encyclopedia of Law and Economics**. Volume I – The History and Metodology of Law and Economics. Massachusetts: Edward Elgar Publishing Inc., 2000.

—, Schools: general, in: BOUCKAAERT, Boudewijn; DE GEEST, Gerrit (Orgs.), **Encyclopedia of Law and Economics**, Vol. I: The History and Methodology of Law and Economics, Cheltenham: Edward Elgar, 2000.

—; ROUSSEAU, Stéphane. **Análise Econômica do Direito**. Tradução Rachel Sztajn. 2. Ed. São Paulo: Atlas, 2015.

MARQUES NETO, Floriano de Azevedo. Limites à abrangência e à intensidade da regulação estatal. **Revista de Direito Público da Economia** – RDPE, Belo Horizonte, ano 1, n. 1, p. 69 e ss., jan./mar. 2003.

—. Universalização de serviços públicos e competição: o caso da distribuição de gás natural. In: **Revista de Direito Administrativo** (RDA), v. 223, 2001.

MASHAW, Jerry L. Reinventando o Governo e a Reforma Regulatória: estudos sobre a desconsideração e o abuso do Direito Administrativo. In: **Regulação econômica e democracia: o debate norte-americano** (Coord. Paulo Mattos). São Paulo: Ed. 34, 2004.

MATTEI, Ugo A.; ANTONIOLLI, Luisa; ROSSATO, Andrea. Comparative Law and Economics. In: BOUCKAERT, Boudewijn; DE GEEST, Gerrit. **Encyclopedia of Law and Economics**. Volume I – The History and Metodology of Law and Economics. Massachusetts: Edward Elgar Publishing Inc., 2000.

MELLO, Célia Cunha. **O fomento da administração pública**. Belo Horizonte: Del Rey, 2003.

MERCURO, N.; MEDEMA, S.G. **Economics and the Law:** From Posner to PostModernism. Princenton University Press, 1999.

MERTON, Robert. Financial Innovation and the Management and Regulation of Financial Institutions. **Nat'l Bureau of Econ. Research**. Working Paper No. 5096, 1995. Disponível em <http://www.nber.org/papers/w5096> Acesso em 01 de março de 2021.

MILLER, James. **Game Theory at Work:** how to use game theory of outthink and outmaneuver your competition. McGraw-Hill, 2003.

MILLER, Merton, Financial Innovation: The Last 20 Years and the Next, 21 J. **Fin. & Quantitative Analysis,** 1986. Disponível em < https://www.cambridge.org/core/journals/journal-of-financial-and-quantitative-analysis/article/abs/financial-innovation-the-last-twenty-years-and-the-next/56F7294BDF886F838466341AD8901374> Acesso em 01 de março de 2021.

MINISTÉRIO DA JUSTIÇA. **Série Pensando o Direito**: Grupos de Interesses (lobby). n. 8. 2009. Disponível em <http://pensando.mj.gov.br/wp-content/uploads/2015/07/08Pensando_Direito1.pdf>. Acesso em 20 jan de 2021.

MISHKIN, Frederic. Financial Innovation and Current Trends in U.S. Financial Markets. **Nat'l Bureau of Econ. Research**, Working Paper No. 3323, 1990. Disponível em <http:// www.nber.org/papers/w3323> Acesso em 3 de junho de 2021.

MITCHELL, W. The rationality of economic activity: I. **The Journal of Political Economy**, v. 18, n. 2, p. 97-113, fev. 1910.

MODUGNO, Franco. Istituzione. In: **Enciclopedia del Diritto**. vol XXIII, Giuffrè Editore.

MOREIRA, Egon Bockmann. **O direito administrativo contemporâneo e suas relações com a economia**. Curitiba: Editora Virtual Gratuita – EVG, 2016.

MOREIRA NETO, Diogo de Figueiredo. Estabilização monetária. **Revista de Direito Administrativo**, Rio de Janeiro, v. 196, abr. 1994.

MOSES, Lyria Bennett. How to think about law, regulation and technology: problems with "technology' as a regulatory target. **Law, Innovation and Technology**, v. 5, p. 1-20, 2013.

—. Recurring dilemmas: the law's race to keep up with technological change. **University of Illinois Journal of Law**, Technology & Policy, v. 7, p. 239-286, 2007.

NASSER, Salem H. **Fontes e Normas do Direito Internacional**: Um Estudo sobre a Soft Law. Editora Atlas, 2006.

NORME, La Torre M. **Istituzioni**: Per una teoria istituzionalista del diritto. Editore Laterza 1999.

NORTH, Douglass C. Economic Performance Through Time. In: **The American Economic Review**, Vol. 84, No. 3 (Jun., 1994), pp. 359-368. Disponível em <http://www.jstor.org/stable/2118057> Acesso em 12 de outubro de 2017.

—. Institutions. **The Journal of Economic Perspectives** (1986-1998), v. 5, n. 1, 1991.

—. Institutions and economic theory. **American Economist**, v. 36, n. 1, 1992.

—. Institutions, institutional change and economic development. **Press Syndicate of the University of Cambridge**, 1991.

OECD – Organization for Economic Co-operation and Development, Manual de Oslo – **Diretrizes para coleta e interpretação de dados sobre inovação**, OECD – tradução FINEP, Brasília, 2006.

OLSON, Mancur. **A lógica da ação coletiva**: os benefícios públicos e uma teoria dos grupos sociais. São Paulo: Edusp.

OSTRON, E. An agenda for the study of institutions. **Public Choice**. 1986.

PACHECO, Pedro Mercado. **El Análisis Económico del Derecho**- una reconstrucción teórica. Madrid: Cento de Estudios Constitucionales, 1994.

PARETO, Vilfredo. **Manual de Economia Política.** São Paulo: Abril Cultural, 1984.

—. **Manual of Political Economy**. A critical and variorum edition. Edited by Aldo Montesano, Alberto Zanni, Luigino Bruni, John Chipman and Michael McLure. Oxford: Oxford University Press, 2014.

PELKMANS, Jacques; RENDA, Andrea. Does EU regulation hinder or stimulate innovation? **Centre for European Policy Studies Special Report n. 96**, 2014. Disponível em: <https://goo.gl/oHVcsP>. Acesso em: 10 de novembro de 2021.

PELTZMAN, Sam. A Teoria Econômica da Regulação depois de uma década de Desregulação. In: **Regulação econômica e democracia: o debate norte-americano** (Coord. Paulo Mattos). São Paulo: Ed. 34, 2004.

PIMENTA, Eduardo Goulart. **Recuperação de empresas: um estudo sistematizado da nova Lei de Falências**. São Paulo: IOB Thompson, 2006.

PINHEIRO, Armando Castelar; SADDI, Jairo. **Direito, Economia e Mercados**. Rio de Janeiro: Elsevier, 2005.

PORTARIA/CVM/PTE/Nº 75, de 29 de junho de 2020. Disponível em: < https://www.gov.br/cvm/pt-br/assuntos/noticias/anexos/2020/portaria_cvm_pte_75_2020_comite_sandbox.pdf-58b184bf48494336b0cf43e47feb009c>. Acesso em 18 de fevereiro de 2021.

POSNER, Richard. **Economic Analysis of Law**. 1ed. Little, Brown and Company, 1973.

—. **El análisis económico del Derecho**. México: Fondo de Cultura Económica, 1998.

—. **Fronteiras da Teoria do Direito.** Tradução de Evandro Ferreira e Silva, Jefferson Luiz Camargo, Paulo Salles e Pedro Sette-Câmara. São Paulo: WMF Martins Fontes, 2011.

—. The Problems of Jurisprudence. **Harvard University Press**, 1990.

PRADO, Maurício Prado; DE SANTANA, Renata Duarte. **O Brasil e a globalização:** pensadores do direito internacional. São Paulo: Editora de Cultura, 2013.

PUGA, F. P. Sistema Financeiro Brasileiro: Reestruturação Recente, Comparações Internacionais e Vulnerabilidade à Crise Cambial. In: GIAMBIAGI, F.; MOREIRA, M.M. (org) et al. **A Economia Brasileira nos Anos 90**. 1. ed. Rio de Janeiro: BNDES, 1999.

RANCHORDÁS, Sofia. **Constitutional sunsets and experimental legislation**: a comparative perspective. Northampton, Massachusetts: Edward Elgar, 2014.

RIBEIRO, Marcia Carla Pereira; DOMINGUES, Victor Hugo. Vieses e Heurísticas. In: **Análise Econômica do Direito: justiça** KLEIN, Vinicius. 1. Ed. Curitiba: CRV, 2016.

—; GALESKI JUNIOR, Irineu. Teoria Geral dos Contratos: contratos empresariais e análise econômica. 2. Ed. São Paulo: **Editora Revista dos Tribunais**, 2015.

RIKER, W. H. Implications from the disequilibrium of majority rule for the study of institutions. In: Ordeshook PC, Shepsle KS, eds. **Political Equilibrium** 3-24. Kluver-Nijhoff, 1982.

RODRIGUES, Almira. **Advocacy:** uma ação política de novo tipo. 1999. Disponível em <http://www.cfemea.org.br/temasedados/detalhes.asp?IDTemasDados=32>. Acesso em 4 jan 2018.

ROSE-ACKERMAN, Susan. Análise Econômica Progressista do Direito – e o Novo Direito Administrativo. In: **Regulação econômica e democracia: o debate norte-americano** (Coord. Paulo Mattos). São Paulo: Ed. 34, 2004.

ROUSSEAU, Jean Jacques. **O contrato social**. In: Oeuvres completes, tome III. Collection "Pléíade". Paris: Gallimard, 1757.

SALAMA, Bruno. **O que é direito e economia**. Artigos Direito GV, 2007.

—. **O que é pesquisa em Direito e Economia?** Cadernos Direito GV, v. 5, p. 4-58, 2008.

SANTANO, Ana Cláudia; MIRANDA NETTO, Fernando Gama de; BLANCHET, Luiz Alberto. O tabu da relação do lobby e políticas públicas no Brasil. **Revista de Direito Econômico e Socioambiental**, Curitiba, v. 7, n. 2, p. 49-72, jul./dez. 2016.

SANTOS. **Politizar as novas tecnologias**: o impacto sociotécnico da informação digital e genética, 2. ed., 2011.

SCHOTTER, A. The economic theory of social institutions. **Cambridge University Press,** 1981.

SCHOUERI, Luís Eduardo. **Normas tributárias indutoras e intervenção econômica**. Rio de Janeiro: Forense, 2005.

SCHULZ, John. 1996. **A crise financeira da abolição**: 1875-1901. São Paulo: Edusp/ Instituto Fernand Braudel.

SCHUMPETER, Joseph A. **Captalism, socialism and democracy**. New York & London: Taylor & Francis eLibrary, 2003.

—. **Capitalismo, Socialismo e Democracia**. Trad. Ruy Jungmann. Rio de Janeiro: Editora Fundo de Cultura, 1961. Disponível em <http://www.ie.ufrj.br/intranet/ie/userintranet/hpp/arquivos/100820171042_SchumpeterCapitalismoSocialismoeDemocracia.pdf> Acesso em 05 de julho de 2020.

SCHWARCZ, Steven. **Regulating Complexity in Financial Markets**, 87 WASH. L. REv. 211 (2009). Disponível em < https://openscholarship.wustl.edu/cgi/viewcontent.cgi?article=1082&context=law_lawreview> Acesso em 09 de junho de 2021.

SEN, Amartya. **A ideia de justiça**. Companhia das Letras: São Paulo, 2009.

SILVA, Raphael José De Oliveira. **O financiamento da política no Brasil: as pessoas jurídicas e sua participação**. 2016. 251 f. Dissertação (Mestrado em Direito do Estado) – Faculdade de Direito da Universidade de São Paulo, São Paulo, 2016. Disponível em: <http://www.teses.usp.br/teses/disponiveis/2/2134/tde-13092016-004308/pt-br.php >. Acesso em: 08 mar. 2021.

SIMON, H. From substantive to procedural rationality. In: HAHN, F.; HOLLIS, M. (Eds.) Philosophy and economic theory. Oxford: **Oxford University Press**, 1979.

SLATER, Robert. **George Soros**. Tradução Maria Cláudia Santos. São Paulo: Makron Books, 1999.

SMITH, Adam. **A riqueza das nações.** São Paulo: WMF Martins Fontes, 2010. Vol II.

—. **An inquiry into the nature and causes of the wealth of nations**, R. H. Campbell e A. S. Skinner (orgs.). Oxford: Clarendon Press, 1976.

—. **The theory of moral sentiments**. Londres: T. Cadell, ed. ampl., 1790; reed. Oxford: Clarendon Press, 1976.

SOROS, George. **The Alchemy of Finance**: The New Paradigm, 2003.

SPECTOR, Horacio. **Justicia y bienestar**. Desde una perspectiva de derecho comparado. Doxa, nº 26, 2003.

STIGLER, George J. A Teoria da Regulação Econômica. In: **Regulação econômica e democracia: o debate norte-americano** (Coord. Paulo Mattos). São Paulo: Ed. 34, 2004.

—. The Theory of Economic Regulation. **Bell Journal of Economicsand Management Science** 2, no. 1 (Spring 1971): 3.

STIGLITZ, J. Regulation and Failure, New Perspectives on Regulation. **The Tobin Project**, 2009. Disponível em <https://www.tobinproject.org/sites/tobinproject.org/files/assets/New_Perspectives_Ch1_Stiglitz.pdf> Acesso em 03 de julho de 2021.

STF, **ADPF nº 46**, voto do Ministro Eros Grau. BRASIL. Supremo Tribunal Federal. Arguição de Descumprimento de Preceito Fundamental nº 46. Brasília. 26 de fevereiro de 2010.

STRINGHAM, Edward. Kaldor-Hicks efficiency and the problem of central planning. **The Quarterly Journal of Austrian Economics**, vol. 4, n. 2, p. 41-50, 2001.

SZTAJN, Rachel. Externalidades e custos de transação: a redistribuição de direitos no novo Código Civil. **Revista de Direito Mercantil, Industrial, Econômico e Financeiro**. Nova série, São Paulo: Revista dos Tribunais, ano 43, n. 133, jan./ mar. 2004.

—. **Teoria jurídica da empresa: atividade empresária e mercados**. São Paulo: Atlas, 2004.

TELLES, Christiana Mariani da Silva. Sistema bitcoin: tecnologia digital, protocolo de comunicação, software, rede de pagamentos online descentralizada e criptomoedas. Desafios para os reguladores. In: GUERRA, Sérgio (Org). **Teoria do Estado Regulador**, v. III. Curitiba: Juruá, 2017.

THOMAS, Clive S. **Research Guide to U.S. and International Interest Groups**. Westport: Praeger, 2004.

TIROLE, Jean. **Economia do bem comum**. Tradução André Telles. Rio de Janeiro: Zahar, 2020.

TSEBELIS, George. **Jogos Ocultos**: Escolha Racional no Campo da Política Comparada. São Paulo: Edusp, 1998.

TUFANO, Peter Tufano. Financial Innovation. In **Handbook of the Economics of Finance**. 321-22. George Constantinides, Milton Harris & Rene Stultz eds., 2003. Disponível em <https://econpapers.repec.org/bookchap/eeefinhes/1. htm> Acesso em 03 de junho de 2021.

TURNER, Adair. Financial Services Authority. **Speech at The Economist's Inaugural City Lecture**: The Financial Crisis and the Future of Financial Regulation, Jan. 21, 2009. Disponível em <http://www.fsa.gov.uk/library/communication/speeches/2009/0121 at.shtml> Acesso em 20 de junho de 2021.

ULEN, Thomas. **A Nobel Prize in Legal Science**: Theory, Empirical Work, and the Scientific Method in the Study of Law, 2002. III, Ver. 875.

—. Direito e Economia para Todos. **Estudos sobre Negócios e Contratos**: uma perspectiva internacional a partir da análise econômica do direito. Coimbra: Almedina, 2017.

—. Law and Economics: settled issues and open questions. In: MERCURO, N. **Law and Economics.** Boston: Kluwer Academic Publishers, 1988.

UK Financial Condutc Authority, **Regulatory sandbox lessons learned report**, 2017. Disponível em: <https://www.fca.org.uk/publication/research-and-data/ regulatory-sandbox-lessons-learned-report.pdf>. Acesso em: 10 de outubro de 2021.

VEBLEN, T. **A teoria da classe ociosa**: um estudo econômico das instituições. São Paulo: Nova Cultural, 1988.

VERMEULEN, Erik P. M. Regulation tomorrow: what happens when technology is faster than the law. **American University Business Law Review**, v. 6, p. 561-594, 2017.

—; FENWICK, Mark; KAAL, Wulf A. **Regulation Tomorrow: What Happens When Technology is Faster than the Law?** 2016, p. 16. Disponível em <https://papers.ssrn.com/sol3/papers.cfm?abstract_id=2834531>. Acesso em 09 de outubro de 2020.

VIANNA, Eduardo Araujo Bruzzi. **Regulação das fintechs e sandboxes regulatórias.** Dissertação (mestrado) 168 f. Escola de Direito do Rio de Janeiro da Fundação Getúlio Vargas, 2019.

VIANNA, S.B.; VILLELA, A. O Pós- Guerra (1945 – 1955). In: GIAMBIAGI, F.; VILLELA, A. (org) et al. **Economia Brasileira Contemporânea** (1945 – 2004). Rio de Janeiro: Elseveir, 2005.

VICTOR HUGO DOMINGUES. Vieses e Heurísticas. In: **Análise Econômica do Direito: justiça e desenvolvimento**. Org: RIBEIRO, Marcia Carla Pereira; DOMINGUES, Victor Hugo; KLEIN, Vinicius. 1. Ed. Curitiba: CRV, 2016.

WEIGEL, Wolfgang. Law and Economics in Austria. In: BOUCKAERT, Boudewijn; DE GEEST, Gerrit. **Encyclopedia of Law and Economics**. Volume I – The History and Metodology of Law and Economics. Massachusetts: Edward Elgar Publishing Inc., 2000.

WHITE, Lawrence. Technological Change, Financial Innovation, and Financial Regulation in the U.S.: The Challenges for Public Policy 7. **Wharton Fin. Inst Ctr.** Working Paper No. 97-33, 1997. Disponível em <http://papers.ssrn.com/sol3/papers.cfm?abstract-id8072> Acesso em 01 de março de 2021.

WILLIAMSON, Oliver E. **The Economic Institutions of Capitalism**. New York: Free Press, 1985.

—. The Economics of Governance: framework and implications. In: Langlois RN, ed. Economics as a Process: Essays in the New Institutional Economics. **Cambridge University Press,** 1986.

—. Transaction cost economics. In: WILLIAMSON, O. **The economic institutions of capitalism**. London: The Free Press, 1985.

—. Transactions Costs Economics. In **Handbook of Industrial Organization,** Volume I, Edited by R. Schmalensee and R.D. Willig, Elsevier Science Publishers B.V., 1989. Disponível em <https://www.sciencedirect.com/science/article/

B7P5S-4FD79WP-6/2/0914fe6c6d1a529986597138e2e304f2> Acesso em 01 de março de 2021.

WINTER, Nelson R. An Evolutionary Theory of Economic Change Cambridge, Mass: **The Belknap Press**; 1982.

YAZBEK, O. **Regulação do Mercado Financeiro e de Capitais**. Rio de Janeiro: Elsevier, 2007.

ZYLBERZTAJN, Décio. Papel dos contraltos na coordenação agro-industrial: um olhar além dos mercados. In: SOUZA, José Paulo de; PRADO, Ivanor Nunes do (Org.). **Cadeias produtivas**: estudos sobre competitividade e coordenação. 2. Ed. Maringá: EDUEM, 2009.

—; SZTAJN, Rachel. **Direito e Economia**. Rio de Janeiro: Elsevier, 2005.

ZYSMAN, J. **How Institutions Create Historically Rooted Trajectories of Growth**. Oxford University Press, 1994. p. 242-283.